Violences genrées

Transitions sociales et résistances

Sous la direction de Xavier Briké

En dépassant les clivages des disciplines, les ouvrages cherchent à saisir les enjeux contemporains qui traversent les champs du social. Ils visibilisent des réalités méconnues en élaborant des savoirs transversaux et des pistes concrètes d'actions pour le travail social et psycho-social. Alors que le pouvoir étatique de redistribution et de soutien solidaire se fragilise et que les inégalités croissent, apparaissent de nouveaux pouvoirs d'agir et des perspectives de faire commun, dans des mondes en profonde transition. Dans les marges se déploient des pratiques innovantes pour les métiers du soin et de l'accompagnement. Les experts de vécus en sont les témoins privilégiés. À partir de recherches ethnographiques rigoureuses, leurs récits donnent à appréhender les modes d'existence de l'exclusion, des inégalités, des conditions d'exil et de pauvreté comme les rapports de dominations qui y sont inhérents. Des mouvements citoyens aux logiques institutionnelles jusqu'aux mondes virtuels, les méthodes de recherche qui sous-tendent ces études rendent compte de pratiques de résistance et de mobilisation jusqu'alors inédites. Au-delà de la simple dénonciation, la production de savoirs qui émane de cette approche interdisciplinaire des pratiques de soin et d'accompagnement, éclaire les contestations sociales tout en rediscutant les options du politique et les pratiques institutionnelles.

Comité scientifique

Jean-Luc Brackelaire (UNamur – UCLouvain), **Xavier Briké** (UCLouvain – HELHA – SSM Le Méridien), **Marc Chambeau** (HELHA – FMJ), **Sonia de Clerck**, **Jean-François Gaspar** (HELHA-HENALLUX- CÉRIAS – CESSP Paris), **Véronique Georis** (AMOS – Le Grain), **Manuel Goncalves** (SSM Le Méridien), **Julie Hermesse** (UCLouvain), **Jacinthe Mazzocchetti** (UCLouvain), **Silvia Mesturini** (Cermes3 – Paris), **Jean-Claude Métraux** (Université de Lausanne), **Emmanuel Nicolas** (HELHA), **Laura Odasso** (Collège de France et Institut convergences Migrations, Paris), **Marie-Caroline Saglio-Yatzimirsky** (INALCO – CESSMA Paris), **Christine Schaut** (ULB), **Olivier Servais** (UCLouvain), **Sophie Tortolano** (SSM LLN – Saint-Gilles), **Martin Wagener** (UCLouvain).

Déjà paru dans la collection :

Justine Masseaux, *Une maternité impensée. Devenir mère suite à un déni de grossesse*, 2019.
Mauro Almeida Cabral, *(L)armes d'errance. Habiter la rue au féminin*, 2020.
Philippe Fayeton, *Franchir les lignes. Gitans/Payos, même combat. Première saison*, 2020.
Anne-Laure Le Cardinal, *Mineurs non-accompagnés. Quelle reconstruction en Exil ?*, 2021.
Xavier Briké, Jacinthe Mazzocchetti, *Exils au féminin. Conditions singulières et détermination*, 2021.

Sous la direction de
**Audrey Heine, Estibaliz Jimenez,
Caterine Bourassa-Dansereau**

Violences genrées

Enjeux interculturels et féministes

D/2022/4910/26   ISBN : 978-2-8061-0667-4

© **Éditions Academia**
10 rue du Poirier
B-1348 Louvain-la-Neuve

Tous droits réservés. Reproduction interdite sauf autorisation expresse.

www.editions-academia.be

Introduction générale

La question des violences faites aux femmes occupe depuis plusieurs années la scène publique, médiatique et politique. La Belgique a inscrit à son agenda politique la lutte contre les violences de genre dès les années 1980 via l'élaboration de lois, de politiques publiques spécifiques et la création de services de lutte contre les violences envers les femmes. Cependant, les femmes migrantes victimes de violences de genre ont longtemps été absentes de ces politiques (Carles, 2018). Depuis 2016, la Convention du Conseil de l'Europe sur la prévention et la lutte contre la violence à l'égard des femmes et la violence domestique (dite « Convention d'Istanbul ») est entrée en vigueur en Belgique. Ce texte prévoit des dispositions à l'égard des femmes arrivées dans le cadre d'un regroupement familial et des demandeuses d'asile. La Belgique s'est également dotée d'un Plan d'action national de lutte contre les violences basées sur le genre (2021-2025), qui prévoit la situation de vulnérabilité des migrantes par rapport aux situations de violences.

Au Canada, bien que le Code criminel ne prévoie pas spécifiquement d'infraction de violence familiale ou conjugale, la plupart des formes de violence physique, sexuelle et familiale sont des crimes. Ce sont les gouvernements provinciaux et territoriaux qui élaborent des lois dans ce domaine. Le gouvernement du Québec s'est doté en 1995 d'une Politique d'intervention en matière de violence conjugale : Prévenir, dépister, contrer la violence conjugale. Tout récemment, en 2021, l'Assemblée nationale du Québec a adopté la Loi visant la création d'un tribunal spécialisé en matière de violence sexuelle et de violence conjugale afin que le système de justice s'adapte à la réalité particulière des victimes de violence sexuelle et conjugale. De plus, le dernier Plan d'action gouvernemental en matière de violence conjugale (2018-2023) reconnaît le contexte de vulnérabilité spécifique vécu par des femmes et filles immigrantes et issues de minorités ethnoculturelles.

Malgré l'émergence de politiques publiques de lutte contre les violences prenant en compte la diversité des femmes, sur le terrain, les intervenant·e·s sont encore confronté·e·s à de nombreuses difficultés. Au niveau structurel, ils·elles dénoncent le manque de ressources pour mettre en œuvre ces politiques publiques. Du côté des pratiques professionnelles, il peut s'avérer compliqué de prendre en considération l'imbrication des inégalités vécues par ces femmes. En effet, il y a un risque de compartimenter ou hiérarchiser les problématiques (par exemple traiter d'abord les problématiques des violences de genre et puis le racisme, ou l'inverse), d'évacuer les identités multiples des femmes ou de les considérer uniquement sous l'angle victimaire. Les femmes migrantes sont vues comme étant victimes, soumises ou oppressées, sexuellement contraintes, essentiellement dédiées à leur famille et sans ressources (Bolla, 2019 ; Martin et Roux, 2015 ; Vatz-Laroussi, Doré et Kremer, 2019). Elles sont perçues comme devant être « sauvées » et « libérées » grâce aux services et interventions des sociétés d'accueil. Dans cette perspective, la situation des femmes migrantes est alors décryptée principalement en regard des fragilités liées à leur origine et à leur appartenance culturelle. Les vulnérabilités engendrées par le contexte d'immigration et les expériences de discrimination sont occultées. Or les contributions de cet ouvrage mettent en évidence l'importance des barrières structurelles rencontrées par les femmes migrantes : lois sur l'immigration, barrière de la langue, services sociaux surchargés, lourdeur et lenteur administrative des procédures liées à la demande d'asile, etc.

Pour appréhender la complexité des situations de violences vécues par les femmes migrantes, il importe donc de prendre en compte la diversité des expériences de discrimination liées au statut migratoire, à la classe sociale, l'origine ethnique, la religion, etc. Le cadre d'analyse théorique, politique et pratique de l'intersectionnalité permet de saisir cette complexité. Il rend compte de l'enchevêtrement des systèmes d'oppression (Bilge, 2010) et permet de saisir la façon dont les pratiques d'intervention incluent, excluent ou renforcent les inégalités vécues par les femmes migrantes selon leurs différentes positions et catégories sociales qui s'entrecroisent (Crenshaw, 1989).

Les contributions présentées dans cet ouvrage traitent de ces difficultés et des pistes trouvées par les professionnel·le·s pour y faire face. Elles abordent les enjeux intersectionnels dans l'accompagnement de femmes vivant des violences genrées. Les auteur·rice·s expliquent comment, en pratique, elles cherchent à intégrer les inégalités liées aux rapports de genre, aux trajectoires migratoires, aux appartenances sociales et culturelles, etc. Toutes ces contributions ont en commun une visée de « dé-essentialisation » du regard porté sur les femmes et de la figure de la femme migrante. À travers des exemples concrets, elles mettent en évidence les résistances et les défis associés à ce positionnement intersectionnel dans le travail d'intervention. En effet, il persiste une production systémique des violences sexistes et racistes ainsi que des préjugés à l'égard des populations étrangères ce qui peut mettre les professionnel·le·s en tension dans leur volonté d'éradiquer les violences.

Les témoignages présentés dans ce livre invitent les lecteurs et lectrices à penser l'intervention interculturelle dans une visée féministe. Cet ouvrage collectif réunit des expert·e·s, chercheur·euse·s et praticien·ne·s pour aborder des difficultés rencontrées dans les milieux de pratique autour de la problématique des femmes vivant des violences, pour intégrer les dimensions de genre et ethnoculturelle dans leur travail. Plaçant les valeurs féministes au cœur de l'intervention, à travers des réflexions issues des pratiques, actions, recherches et expériences, nous chercherons à saisir comment les intervenant·e·s exerçant dans le champ de l'interculturalité prennent en compte les rapports sociaux liés au genre. Comment intègrent-ils·elles dans leurs pratiques d'intervention les enjeux interculturels et de genre ? Quels sont les enjeux interventionnels qui y sont associés ?

À partir des contributions provenant de différentes disciplines (criminologie, droit, psychologie, travail social), cet ouvrage contribuera à donner une visibilité aux femmes issues de l'immigration ayant vécu ou vivant des violences genrées dans le pays d'origine, lors de la trajectoire migratoire ou dans le pays d'accueil. Les praticien·ne·s témoignant exercent dans des contextes nationaux différents : la Belgique et le Canada et, plus particulièrement, la région bruxelloise et les provinces du Québec et du Nouveau-Brunswick, deux sociétés occidentales de destination qui partagent des caractéristiques d'une société pluraliste faisant face aux défis associés à une diversité religieuse et culturelle. Bien que les deux pays aient en commun des enjeux sociopolitiques d'intégration des personnes immigrantes, la façon de réagir et de répondre aux besoins peut être différente. C'est ce que les auteur·rice·s illustreront à travers leurs contributions.

Cet ouvrage se compose de deux parties thématiques. La première partie est consacrée à l'accompagnement des filles et des femmes réfugiées en situation de précarité de séjour. Dans cette partie, les intervenant·e·s soulignent les obstacles structurels et institutionnels auxquels ces femmes sont confrontées. Des intervenant·e·s de trois associations belges spécialisées dans l'accompagnement des personnes exilées (contribution collective du Service de Santé Mentale Ulysse ; Anissa Tahri et Julie Lavaux du Centre d'Accompagnement Rapproché pour Demandeurs d'Asile de la Croix-Rouge ; Maryana Vukadinovic, Noémi Globen et Emma Van Durme de l'association Mentor Jeunes) témoignent des enjeux psychologiques de reconnaissance à l'œuvre dans la demande d'asile pour les femmes et les mineures réfugiées et l'entrechoquement avec les critères normatifs du pays d'installation qui souvent dénient toute forme de reconnaissance. Ces trois témoignages montrent que, bien que fragilisées par leurs parcours et la situation de précarité de séjour, ces femmes font preuve d'une formidable agentivité pour investir leur nouvel environnement : implication communautaire, parentale, conciliation des valeurs culturelles, insertion dans la formation, l'emploi, etc. Ces témoignages démontrent la nécessité pour les intervenant·e·s de développer des pratiques d'intervention leur permettant de renforcer leur pouvoir d'agir dans différents contextes et ainsi faciliter leur autonomie dans la demande de services pour elles ou leurs enfants.

La deuxième partie porte sur le positionnement interculturel et féministe dans l'intervention auprès des femmes ayant vécu des violences basées sur l'honneur. Comprendre les violences vécues par les femmes immigrées implique de mettre à jour les interrelations complexes de vulnérabilités et d'oppressions afin de ne pas réduire la violence vécue par ces femmes à un seul problème culturel. En effet, il est risqué de culturaliser des pratiques (mutilations sexuelles, mariages forcés et autres violences liées à l'honneur). Afin de prévenir ces stéréotypes (racialisation du sexisme), les intervenant·e·s devraient pouvoir adopter une approche interculturelle et féministe. La problématique des violences basées sur l'honneur (VBH) est encore souvent méconnue et considérée comme une affaire familiale relevant de la sphère privée. Les milieux de pratique ne sont pas toujours suffisamment formés et outillés pour reconnaitre et réagir à la possibilité d'une situation de VBH. Dans les deux premières contributions de cette partie, les autrices

(Estibaliz Jimenez, Université du Québec à Trois-Rivières ; Madeline Lamboley, Université de Moncton) commencent par définir les VBH et décrire les travaux réalisés sur le sujet au Canada depuis une dizaine d'années. Elles analysent ensuite les représentations des intervenantes sur les VBH et les implications dans leurs pratiques. Dans la troisième contribution, l'autrice (Sastal Castro Zavala, Université du Québec à Rimouski) propose des stratégies concrètes pour intégrer une approche intersectionnelle dans les pratiques en maisons d'hébergement auprès des femmes immigrantes ayant vécu des violences.

Références

- Bilge, S. (2010). « De l'analogie à l'articulation : théoriser la différenciation sociale et l'inégalité complexe ». *L'Homme et la Société*, 2(176-177) : 43-64.
- Bolla, L. (2019). « Genre, sexe et théorie décoloniale : Débats autour du patriarcat et défis contemporains ». *Les cahiers du CEDREF*, 23 : 136169.
- Carles, I. (2018). « Les politiques de lutte contre les violences de genre en Belgique et les femmes migrantes : entre volonté de protection et contrôle migratoire ». *Droit et société*, 99 : 323-339.
- Crenshaw, K. (2005). « Cartographies des marges : intersectionnalité, politique de l'identité et violences contre les femmes de couleur ». *Cahiers du Genre*, 39(2) : 51-82.
- Martin, H., Roux, P. (2015). « Recherches féministes sur l'imbrication des rapports de pouvoir : Une contribution à la décolonisation des savoirs ». *Nouvelles Questions Féministes*, 34(1) : 4-13.
- Vatz-Laaroussi, M., Doré, C., & Kremer, L. (2019). *Femmes et féminismes en dialogue : Enjeux d'une recherche-action-médiation*. Paris, L'Harmattan.

PARTIE I

Accompagnement de femmes en précarité de séjour : enjeux interculturels et féministes

Placement familial des Mineures Étrangères Non Accompagnées : quels enjeux de genre ?

Maryana Vukadinovic, Noémi Globen et Emma Van Durme
psychologues et intervenantes à Mentor Jeunes

Introduction

Sur base de notre expérience de terrain dans le cadre du placement familial des Mineurs Étrangers Non Accompagnés (MENA), nous évoquerons la situation complexe que les femmes migrantes vivent au quotidien au sein du territoire belge. Leur situation complexe est due, d'une part, à la combinaison entre leur statut d'étrangère et leur statut de femme et, d'autre part, aux pressions subies tant de la part de la société d'accueil que de leur pays d'origine.

Nous allons décrire deux vignettes cliniques, analyserons les différents pôles de cette complexité et décrirons notre méthode de travail. L'une évoquera la situation d'une jeune mineure étrangère non accompagnée accueillie par sa famille élargie et l'autre abordera la situation d'une mère d'accueil qui, elle-même, a vécu l'exil.

1. Description du contexte

Mentor-Jeunes est une association dont la mission est de soutenir les jeunes Mineurs Étrangers Non Accompagnés (MENA) dans leur parcours d'intégration au sein de notre société à travers le placement familial et le parrainage.

Le projet de placement en famille d'accueil des MENA en Belgique francophone a vu le jour suite à la crise migratoire de 2015. Plusieurs pouvoirs subsidiants ont soutenu la création du projet (Fedasil[1], AMIF[2], Fédération Wallonie Bruxelles[3]…). Une équipe pluridisciplinaire, venant tant du secteur de la migration que de celui du placement familial, a été créée. Les apports des deux secteurs ont permis la création d'une méthode de travail prenant en compte la spécificité du profil des jeunes proposés à l'accueil et les particularités des enjeux du placement familial.

Nous travaillons avec différents profils de familles :

- Les familles qui se présentent pour devenir familles d'accueil et pour lesquelles nous chercherons un·e jeune qui pourra s'épanouir dans leur famille.

---

[1] Fedasil : Agence Fédérale pour l'Accueil des Demandeurs d'Asile.
[2] AMIF : Fond pour l'Asile, la Migration et l'Intégration.
[3] Fédération Wallonie Bruxelles : est une institution au service des francophones de Bruxelles et de Wallonie. Ses compétences s'exercent en matière d'Enseignement, de Culture, de Sport, de l'Aide à la jeunesse, de Recherche scientifique et de Maisons de justice.

- Les familles qui connaissent déjà un·e jeune et qui souhaitent l'accueillir au quotidien.
- Les familles qui font partie de la famille élargie du·de la jeune.

Les jeunes signalé·e·s, par leur tuteur·rice ou par les intervenant·e·s des centres d'accueil, pour un accueil familial viennent généralement de la deuxième phase d'accueil, ce qui veut dire qu'ils·elles sont en attente d'un statut donnant un droit de séjour[4]. De manière générale, la longue attente de l'aboutissement de la procédure est pénible pour les jeunes, provoque du stress au quotidien, a une influence sur leurs capacités à se projeter dans l'avenir et à créer des liens. Tout au long du processus d'accompagnement des familles, nous les préparons à être confrontées, au sein de leur foyer, à ces difficultés liées au statut et à la procédure mais aussi aux enjeux liés à l'interculturalité.

Notre mission est de suivre, soutenir, encadrer les situations d'accueil familial jusqu'à la majorité des jeunes. Le cœur de notre travail est de soutenir le processus d'adaptation du jeune à sa nouvelle vie dans le pays d'installation, ainsi que celui de la décentration de la famille d'accueil. La décentration est un processus dans lequel la société d'accueil, ici représentée par les familles d'accueil et les intervenant·e·s du service, prend conscience de ses propres cadres de référence et de ses valeurs afin de pouvoir accueillir celles des jeunes sans créer de hiérarchisation entre les pratiques quotidiennes des différentes cultures (Cohen-Emerique, 2015). Dans le cadre d'une approche de travail interculturelle, nos propres capacités de décentration, en tant qu'intervenant·e, par rapport à notre culture et nos valeurs sont aussi mises au travail dans ce processus.

---

[4] Différentes procédures sont possibles : procédure d'asile, procédure de solution durable, etc. qui mènent vers le droit au séjour en Belgique. Toutes n'aboutissent pas, évidemment, à une réponse positive.

2. Déconstruction des rapports de pouvoir entre l'institution et les familles d'accueil issues de l'immigration

Il arrive fréquemment que les familles qui accueillent des jeunes MENA soient elles-mêmes issues de l'immigration. Dans la plupart des cas, ce sont des femmes seules avec un ou plusieurs enfants qui accueillent une petite sœur ou une nièce. Dans ces situations, notre travail est quelque peu différent car notre accompagnement soutient les stratégies d'ajustement à la culture du pays d'accueil non seulement du·de la jeune mais aussi celles de la famille. De plus, dans ces situations l'intervenant·e social·e appartenant à la société d'accueil est souvent perçu·e, par les familles, comme exerçant un contrôle sur la famille d'accueil. Cette croyance est renforcée par la procédure liée au droit de séjour dans laquelle les personnes sont interrogées et dans laquelle leur crédibilité et leur parole sont souvent mises en doute. Compte tenu de tous ces éléments, notre rôle et notre place dans le paysage institutionnel ne sont pas toujours directement compris. Dans un premier temps, le suivi est consacré à la création de liens entre la famille et son·sa référent·e dans le but de mieux se connaitre et de créer un lien de confiance. D'après Cohen-Emerique (1993), lors de situations interculturelles, il ne faut pas négliger l'impact de ces trois éléments qui participent à la création d'un contexte à chaque fois différent :

- la culture subjective de chacun·e,
- l'interaction entre les deux acteur·rice·s
- ainsi que les différences de statuts social, économique et politique.

Si nous insistons sur la dimension de la décentration, c'est parce que, dans chaque situation d'aide, que ce soit l'action sociale, un suivi psychothérapeutique ou même éducatif, il y a immanquablement des rapports de pouvoir qui émergent. Comme l'écrit l'autrice,

> Il s'agit toujours dans cette interaction non seulement de différences culturelles mais aussi d'un rapport social où il y a une culture valorisée face à une autre qui l'est moins, un rapport dominant/dominé, ex-colonisateur/ex-colonisé, développé/sous-développé, blanc/noir, etc., enfin, une identité menaçante face à une identité menacée, ce qui engendre une dynamique identitaire avec des stratégies offensives et défensives des deux côtés (Cohen-Emerique, 1993 : 73).

Ces rapports de pouvoir opèrent particulièrement dans les situations de demande d'asile qui concernent les jeunes filles/femmes. Dans bien des cas, elles ont été victimes de violences de genre importantes dans le pays d'origine et pendant le voyage. Ces violences peuvent ensuite se poursuivre lors de l'arrivée dans le pays d'accueil : dans les centres d'accueil souvent mal conçus pour accueillir les jeunes filles, les femmes ; stéréotypes de genre lors des différentes étapes de la demande d'asile (vision normée du statut de victime, des représentations de la maternité, etc.), sexisme au sein des structures d'hébergement, etc.

Notre démarche d'intervention est particulière dans le sens où nous travaillons non seulement avec des jeunes filles mineures pour lesquelles nous cherchons des familles d'accueil mais aussi des femmes installées en Belgique, de la famille élargie de la jeune ou du même groupe communautaire qui se retrouvent souvent dans la position de famille d'accueil et qui peuvent aussi avoir subi des violences de genre dans leur trajectoire. Aussi dans notre posture, il est essentiel d'avoir une attention aux rapports de force qui peuvent venir se jouer entre la jeune et sa référente mentor-jeune et entre la mère d'accueil et la référente.

Afin de déconstruire cette dynamique asymétrique particulièrement convoquée dans les liens entre la mère d'accueil (racisée, ayant souvent subi des violences de genre dans son propre parcours) et la référente qui incarne le groupe dominant et donc les privilèges associés, nous proposons aux familles des entretiens informels. Ces entretiens ont lieu afin que les familles puissent s'exprimer librement et aborder des sujets concernant leurs parcours et les liens avec les proches restés au pays. La place de l'enfant est abordée et réfléchie avec la famille d'accueil.

3. Une approche écosystémique pour accompagner les MENA

Pour accompagner les familles, l'équipe de Mentor Jeunes a élaboré une méthode basée sur l'approche systémique multidirectionnelle et étayée par la théorie écosystémique de Bronfenbrenner (Bronfenbrenner, 1979). Cette méthode nous permet d'appréhender les situations dans toute leur complexité en prenant en compte les interactions entre le·la jeune et son contexte de vie mais aussi les interactions entre les différents éléments du contexte. Selon la théorie écosystémique, la qualité des interactions entre les différents éléments du contexte (les mésosystèmes) a un impact sur le développement et le bien-être de la personne (du jeune). Toutes les situations d'accueil sont suivies par un binôme de l'équipe, un·e référent·e pour le·la jeune et un·e référent·e pour la famille. Chaque référent·e offre un espace de parole, d'écoute et de soutien qui suscite et maintient le lien. Dans notre démarche, nous portons une attention particulière à la situation des femmes. En effet, être une fille/femme en procédure d'asile place la fille/femme dans une position particulièrement vulnérable. Tant que les femmes ne sont pas acceptées par la société d'accueil et tant que leur parole est évaluée et remise en question, elles demeurent sans protection de la part des institutions de cette société d'accueil. Parallèlement, leur arrivée en Belgique fait généralement suite à de nombreuses violences subies en tant que femme, que ce soit au pays d'origine ou sur le trajet d'exil (excision, mariage forcé, viol…). Le fait d'avoir fui ces violences les plonge dans un important conflit de loyauté (le pays d'origine et parfois les membres de la communauté sont associés à ces violences basées sur l'honneur) et une grande souffrance.

Aussi, chaque intervenant·e porte une attention particulière à se placer au plus près du stade de développement du jeune (et de la famille), au plus près de sa (leur) vision, de ses (leurs) représentations culturelles. Le travail des deux référent·e·s est mis en commun ainsi que les questions qui se posent dans une situation donnée. Ce va-et-vient entre les représentations des un·e·s et des autres, permet de soutenir la création d'un espace de rencontre dans lequel les deux visions du monde peuvent s'articuler et créer des nouvelles façons d'appréhender la réalité et de vivre ensemble au quotidien.

Concrètement, le·la référent·e du jeune lui propose des activités à raison d'une fois par mois ce qui permet, au travers d'un moment informel et ludique, de se connaitre et de créer le lien. Progressivement, le·la jeune va reconnaitre dans la personne de son·sa référent·e une ressource vers laquelle il·elle peut se tourner quand il·elle a des questions, des difficultés, des souhaits qu'il·elle n'ose pas exprimer à la famille d'accueil. Le·la référent·e de la famille est en contact régulier avec la famille par différents moyens : téléphone, entretien, rencontre avec d'autres familles, etc. Dans les situations où la famille d'accueil fait partie de la famille élargie du jeune et si elle en éprouve le besoin, le soutien peut être élargi et concerner les démarches administratives, médicales, etc. Parallèlement, le·la référent·e va créer des espaces d'échange et de partage des pratiques concernant la vie quotidienne, les soins, la scolarité, l'éducation, et va être une sorte de pont entre la culture belge et la culture d'origine de la famille. Il·elle est aussi un relai avec le réseau de professionnel·le·s qui gravitent autour du·de la jeune selon les difficultés rencontrées (service de santé mentale, servie d'aide scolaire, maisons des jeunes, etc.). À cet égard, les référent·e·s sont de précieux relais dans l'accompagnement des jeunes filles victimes de violences de genre auprès d'associations féministes qui proposent une prise en charge psychosociale et de santé spécifique.

Dans la plupart des situations où la famille d'accueil fait partie de la famille élargie du·de la jeune, il s'agit de femmes seules d'origine africaine subsaharienne. Aussi, les enjeux liés au genre sont de plus en plus questionnés dans nos pratiques. Car si nous nous sommes spécialisés sur la question interculturelle, les inégalités de genre présentes tant du côté des jeunes MENA que du côté des familles d'accueil ont jusqu'à présent été relativement occultées sur le plan de la réflexion institutionnelle. Cependant sur le terrain, ces questions nous occupent de plus en plus. Cette contribution a donc été l'occasion pour les professionnel·le·s de l'association de se mettre au travail plus formellement autour des inégalités de genre dans le processus de l'asile et le placement des jeunes en famille d'accueil.

4. Les difficultés rencontrées dans l'intervention

4.1 La situation de Soumia : enjeux de reconnaissance des violences de genre

Notre service a été interpellé par le tuteur de la jeune Soumia, 16 ans, qui était accueillie par sa tante maternelle, Fatima. Nous ne connaissons pas les circonstances exactes de son départ de son pays, l'Éthiopie, si ce n'est qu'un mariage « arrangé » était prévu. Nous ne savons pas qui souhaitait ce mariage, ni comment le départ de Soumia a été organisé. Ce n'est que plus tard que nous apprendrons qu'elle a subi l'excision à deux reprises[5]. Au moment où nous la rencontrons, elle vit dans la famille de sa tante maternelle qui a plusieurs enfants (adolescents et jeunes majeurs). Lors des premières rencontres, nous nous présentons et expliquons le cadre de notre intervention. Nous expliquons également notre rôle et l'importance de la collaboration entre la famille d'accueil et le binôme de notre équipe. Lors des premiers entretiens, Fatima

---

[5] Cette double excision est due à la croissance de l'organe génital qui a continué après la première excision.

semble être intéressée par nos propositions et nous interroge quant aux démarches administratives à réaliser.

La composition familiale et notre vision de la famille traditionnelle nous ont amenés à penser qu'il s'agissait d'une famille où il existe un lien fort, une solidarité entre les femmes de la famille. La tante, Fatima, a deux filles adolescentes, de la même tranche d'âge que Soumia. Nous pensions que les jeunes filles au sein de la famille (Soumia et ses cousines) seraient proches, car elles partagent la même situation d'exil. Les images que nous avions de la situation venaient de nos croyances quant à la culture d'origine de Soumia et de manière générale de notre vision stéréotypée de la société traditionnelle et des liens de solidarité entre les femmes. Mais au fil de cet accompagnement, un travail de déconstruction de nos représentations s'est imposé.

Soumia vient régulièrement les mercredis après-midi à l'association où des activités collectives sont organisées. La présence de Soumia au sein de nos locaux une fois par semaine permet à sa référente de renforcer le lien avec la jeune fille. La référente découvre Soumia en recherche de liens et elle semble très reconnaissante pour cet espace que nous lui avons proposé. Lors des activités, Soumia fait des photos avec sa référente, elle les partage, elle se blottit dans ses bras, etc. Parallèlement, le référent famille éprouve de nombreuses difficultés à créer le lien et à organiser des rencontres avec la mère d'accueil. Au fil du temps, le référent de la famille ne parvient plus du tout à la rencontrer ou à avoir une communication régulière.

Dans cette situation, nous relevons deux observations. D'une part, les constats de la référente de Soumia nous interpellent et nous laissent penser que la jeune fille pourrait se sentir seule au quotidien bien que le contexte familial nous ait fait penser le contraire. D'autre part, nous percevons que le référent de la famille ne parvient pas à créer le lien, ni même à rencontrer les membres de la famille et encore moins à aborder d'éventuelles difficultés quant à la place de la jeune fille au sein de la famille.

Au niveau administratif, Soumia était à ce moment impliquée dans une procédure d'asile et en attente de l'interview au Commissariat Général aux Réfugiés et aux Apatrides (CGRA). Cette interview, qui est une étape clé de la procédure d'asile, va déterminer l'obtention ou non d'un statut de réfugié (ou l'obtention d'une protection subsidiaire[6]). Les demandeur·se·s d'asile sont soumis·es à des entretiens très poussés et bien souvent très pénibles, portant à la fois sur leur pays d'origine, les difficultés vécues au pays ainsi que leur trajet d'exil. La procédure d'asile est lente car elle implique un certain nombre d'étapes (qui peuvent durer entre 6 mois et 2 ans). Pendant toute la durée de celle-ci, les demandeur·se·s d'asile demeurent suspendu·e·s dans cette attente et ne savent pas quand ils·elles vont être reçu·e·s ni quelles questions leur seront posées. Ils·elles ne savent pas non plus quels seront exactement les critères d'admissibilité et d'obtention du statut (bien que définis dans la Convention de Genève, les critères théoriques ne sont pas identiques aux critères réellement appliqués). Leur vie est donc mise en suspend et nous observons dans cette attente toute leur difficulté à faire confiance, à créer des liens et à pouvoir se projeter dans l'avenir. Ceci peut engendrer de la méfiance vis-à-vis de la société d'accueil, un certain repli sur soi et/ou sur sa communauté d'origine.

Les demandeur·se·s d'asile ne peuvent plus s'appuyer sur le réseau issu de leur pays d'origine et pas encore sur la société d'accueil. Durant cette période, les femmes sont particulièrement vul-

---

[6] Le statut de protection subsidiaire donne, dans un premier temps, droit à un séjour limité en Belgique. Il correspond à la carte électronique A. Celle-ci est valable un an et peut être renouvelée pour une période de deux ans. Au terme de ces deux années, une nouvelle prolongation pour deux ans peut être demandée. Après cinq ans, à compter de la date d'introduction de la demande de protection internationale, le bénéficiaire de la protection subsidiaire se voit accorder un droit de séjour illimité, qui correspond à la carte électronique B. (https://www.cgra.be/fr/asile/beneficiaire-de-la-protection-subsidiaire)

nérables et subissent un isolement important. Dans notre cas pratique, si Fatima reste à distance de l'intervenant de Mentor Jeunes et ne semble pas être preneuse du suivi, nous pouvons faire l'hypothèse que c'est peut-être lié à sa propre histoire parsemée de ruptures et de maltraitances, elle-même ayant été dans cette épreuve et cette attente de l'asile. Nous pourrions aussi envisager que le fait que le travailleur social soit un homme joue un rôle dans la relation avec Fatima à cause de méfaits subis de la part d'hommes. En outre, un climat de méfiance envers le système belge a pu se transposer sur le travailleur social. En effet, il représente le groupe majoritaire et donc incarne sans doute aux yeux de Fatima les injustices subies dans la procédure de demande d'asile.

L'interview de Soumia au CGRA a été programmée. Cette tâche menée par les agents du CGRA tend à présupposer que le·la demandeur·se d'asile est potentiellement menteur·se. Après cet entretien, Soumia reçoit une réponse négative. Dans cette situation, le tuteur dispose d'un mois pour contester la décision et introduire un recours, ce que le tuteur de Soumia ne fera pas. Nous ne sommes pas mis au courant ni de la réponse négative ni de l'absence de suivi. Nous apprendrons *a posteriori* que Soumia était insuffisamment préparée pour l'interview et qu'elle ne disposait pas des clés pour répondre aux questions posées. Il nous fut renvoyé que le discours de Soumia lors de l'interview était confus et discordant. N'étant pas préparée, elle craignait de ne pas être crue mais aussi de mettre en danger les membres de la famille restés au pays. Soumia se confie alors à sa référente. Nous apprenons que, lors de l'interview, elle a été accompagnée par son tuteur (un homme) et son avocat (un homme), et que l'agent du CGRA et l'interprète étaient aussi des hommes. Elle n'a pas pu répondre aux questions qui pouvaient s'avérer souvent très intimes. Ne sachant pas ce qu'elle pouvait dire et comment le dire, elle n'a pas parlé de l'excision et des autres maltraitances vécues dans son pays.

Suite à tous ces évènements, son état se dégrade, elle devient de plus en plus triste et maigrit à vue d'œil. Toutefois, elle trouve le courage de s'exprimer. Elle nous confie qu'au sein de sa famille d'accueil elle est toujours seule, qu'elle mange seule, qu'elle dort seule et n'échange avec personne. De plus, sa famille n'est pas au courant qu'elle n'est que partiellement excisée et elle craint que les violences basées sur l'honneur subies dans son pays se répètent ici. Elle souhaite partir de cette famille (sa famille élargie).

Suite à nos échanges avec Soumia, nous trouvons une famille d'accueil d'urgence en collaboration avec les différents services en charge des désignations. Soumia quitte la famille de sa tante. Le moment du départ est extrêmement difficile. Sa tante et ses cousines sont en colère, l'accusent de trahison, jettent ses affaires, etc. Soumia est très touchée mais persiste dans sa décision et reste déterminée. Elle emménage dans une nouvelle famille d'accueil, engagée dans différentes causes sociales et avec plusieurs enfants. Elle y est choyée, soignée et elle peut s'y poser. La tutrice travaille sur une nouvelle demande d'asile et Soumia est pleine d'espoir. Dans le cadre de la récolte des nouveaux éléments pour sa nouvelle procédure, nous accompagnons Soumia, à sa demande, dans différents rendez-vous afin de la soutenir et aider à étayer son dossier. Nous rencontrons avec elle principalement deux services, GAMS et INTACT, qui tous les deux luttent contre les violences liées au genre, les mutilations génitales féminines et autres violences associées. L'une offrant un soutien psychologique et médical et l'autre une expertise et un soutien juridiques. Soumia est soutenue tant par la famille d'accueil que par notre service, se sent reconnue et semble adhérer à ces différentes démarches.

Quelques mois passent, la nouvelle demande du statut de réfugiée est déposée et malheureusement aussitôt rejetée. L'argumentation de rejet d'une nouvelle procédure a été motivée par le peu de preuves concernant sa provenance, son pays d'origine. L'étude du dossier n'a pas été plus loin et n'a pas pris en considération l'expertise médicale qui attestait l'excision partielle que la jeune fille a subie. Alors même que pour des jeunes femmes partiellement excisées, il y a un très grand risque avéré de ré-excision et que différentes études ont permis de mettre en évidence que l'excision est également pratiquée dans les pays d'accueil.

Parallèlement, Soumia a subitement un contact avec sa mère dont elle était sans nouvelle depuis plusieurs années. Ce contact téléphonique se passe en présence de la famille d'accueil et de sa tutrice. Personne ne comprend le contenu de cette conversation ; cependant tout le monde saisit le ton, rempli d'agressivité et de reproches. Durant la conversation téléphonique et par la suite, Soumia pleure beaucoup et se replie sur elle-même, ne communique plus, ni avec nous ni avec sa famille d'accueil. Puis, un jour, elle s'en va sans laisser d'explication. La famille et notre service la recherchons partout mais aucune trace, aucun mot. Elle est partie, en n'emportant avec elle que quelques vêtements et un livre offert par sa mère d'accueil, un livre sur le féminisme. Nous comprendrons ultérieurement que Soumia a alors opéré un retour vers sa culture et sa communauté. Plusieurs mois après, elle nous a contactés par les réseaux sociaux. Elle donne des nouvelles mais ne souhaite pas dire où elle se trouve. Depuis, nous avons des petits messages réguliers. Nous savons qu'elle est mariée et qu'elle a un petit garçon.

4.2. La situation d'Aicha : une femme entre deux cultures

Dans cette seconde situation, nous rencontrons Aicha qui souhaite accueillir sa nièce Sarah, âgée de 6 ans. La mère de Sarah est décédée à sa naissance. Aicha est en Belgique depuis plusieurs années et la petite Sarah a été envoyée en Belgique par sa famille paternelle. L'immigration de Sarah s'est réalisée dans le but de la protéger de l'excision pratiquée dans sa communauté d'origine et de permettre à Sarah de rejoindre sa tante maternelle en Belgique.

Lorsque Sarah arrive en Belgique, Aicha n'a pas encore de droit de séjour et de situation stable. Elle préfère alors que l'enfant soit prise en charge par une famille d'accueil en attendant que sa situation se stabilise. Sarah est dès lors placée dans une famille d'accueil néerlandophone encadrée par un service équivalent au nôtre. Malgré l'instabilité de sa situation, Aicha a maintenu le contact avec Sarah tout au long du placement en famille d'accueil. Elle l'accueille durant plusieurs weekends et certaines vacances scolaires. Nous rencontrons Aicha lorsqu'elle obtient ses papiers, un travail et un logement suffisamment grand pour accueillir Sarah chez elle. Tant Sarah qu'Aicha sont en demande de vivre ensemble. Lorsque nous rencontrons Aicha, nous apprenons combien les relations avec la famille restée au pays sont tendues car la famille ne comprend pas pourquoi Aicha ne vit pas avec Sarah au quotidien et Aicha ne met personne au courant que l'enfant est placée dans une famille belge (« de blancs »). Malgré l'attitude à première vue détendue et confiante d'Aicha, les intervenant·e·s perçoivent tout de suite de la tension et du stress sans pouvoir en déterminer les raisons.

Rapidement, Sarah va rejoindre le foyer de sa tante et notre accompagnement se met en place. Comme dans toutes les situations, nous travaillons en binôme composé d'une référente pour la famille et d'un référent pour la jeune. Nous constatons que la référente d'Aicha éprouve maintes difficultés à rentrer en contact avec celle-ci. Aicha manque les rendez-vous, arrive systématiquement en retard ou bien abrège les rendez-vous. Elle ne répond pas aux appels ou aux messages, ne donne que très peu de nouvelles. De l'autre côté, pour le référent de la jeune, la situation est opposée et semble très bien se passer, malgré la barrière de la langue car l'enfant ne parle pas encore le français.

Comme pour tous les MENA en Belgique, une tutrice a été désignée pour représenter les droits de Sarah, veiller à son bien-être, sa scolarité et ses démarches administratives. L'enjeu des rôles respectifs de chacun·e a été une question et une difficulté importante dans cette situation. En effet, Aicha ne comprend pas la place de la tutrice. Pour elle, c'est la famille de Sarah qui l'a choisie et désignée pour prendre soin et élever Sarah et, de ce fait, la place de la tutrice lui parait absurde dès lors que Sarah a rejoint son foyer. Compte tenu de tous ces éléments, plusieurs questions se sont posées, la relation entre les deux femmes a peiné à s'établir et la tension était palpable.

Au départ, nous avons été associés aux positions de la tutrice qui éprouvait de la difficulté à se décentrer et donc portait des jugements quant à l'implication et la place d'Aicha auprès de Sarah (par exemple sur le fait que Sarah appelle Aicha « maman »). À ce moment-là, notre travail de création de lien a été impacté. Les contacts avec Aicha étaient souvent réduits à de faibles échanges, voire évités. Pour elle, nous étions assimilés aux positions de la tutrice et nous n'avions d'autres fonctions que celles de contrôler et de fixer des règles. Pour collaborer avec Aicha, il a fallu déjouer cette vision construite suite aux interventions de la tutrice. Parallèlement, notre rôle était de soutenir le processus de décentration de la tutrice par rapport à ses propres valeurs et qui étaient vécues comme des jugements de la part d'Aicha. C'est petit à petit, et au fil des différents rendez-vous avec la famille, des prises de contact, de l'accompagnement dans les démarches administratives et lors de certains rendez-vous médicaux que la relation a évolué. Il était important de montrer à Aicha que nous nous intéressions à elle, sans intention de régir la situation d'accueil. À cet égard, nous savons combien le partage autour des valeurs et des pratiques, en évitant toute vision polarisée autour d'une bonne ou d'une mauvaise pratique, mais en accueillant les différences comme constructives et normales, permet la construction d'un lien et d'une rencontre entre les deux cultures.

Petit à petit, Aicha a pu s'autoriser à échanger plus, à venir elle-même vers sa référente avec des questions et des demandes. Par la suite et à sa demande, sa référente l'a accompagnée lors des différents rendez-vous médicaux. Aicha présente en effet des problèmes de santé dont elle a pu faire part à sa référente. Elle, qui a été excisée dans son pays d'origine puis a dû avorter suite à un viol, peine aujourd'hui à avoir un enfant. Nous comprenons combien ce désir d'enfant est cher à Aicha et combien le fait de ne pas y parvenir est vécu comme une souffrance. Nous comprenons aussi mieux que les reproches quant à l'appellation « maman » aient pu être vécus avec incompréhension et souffrance.

Avec d'abord un peu de retenue, Aicha sollicite notre accompagnement lors de différents rendez-vous avec des médecins spécialistes. Elle nous explique que le médecin spécialiste est un homme et qu'il est très difficile de pouvoir évoquer ses symptômes auprès d'un homme. Elle souhaite dès lors changer de médecin et être examinée par une femme, ce que l'hôpital lui a refusé. D'autre part, elle ne comprend pas les explications du médecin. Pour comprendre les valeurs sous-jacentes à cette demande, la référente a dû s'informer sur les méthodes de soins dans le pays d'origine d'Aicha. Avec ces informations, la référente apprend que non seulement les femmes sont soignées par d'autres femmes, mais également qu'elles sont accompagnées par d'autres femmes lors de ces rendez-vous (mère, grande sœur, grand-mère…). Elle demande à sa référente de l'accompagner à ces rendez-vous et de la soutenir dans son souhait de changement de médecin.

Avec Aicha, la référente accepte de téléphoner au secrétariat du service afin de redemander le changement de médecin. Une longue conversation et une argumentation seront nécessaires pour obtenir un changement. Un rendez-vous est pris et la référente prévoit d'accompagner Aicha lors de ce rendez-vous. La référente s'intéresse au problème de santé d'Aicha, aux questions qu'elle se pose. Le lien et le dialogue avec le médecin se sont petit à petit créés. La référente a pu transmettre les craintes et les incompréhensions d'Aicha et le médecin a pu adapter le langage utilisé et vérifier la bonne compréhension auprès de sa patiente.

La mise en place de ce dispositif rapproché et sur mesure et l'attention apportée à l'équilibre des relations ont permis de créer un lien significatif entre Aicha et sa référente et, par-là, de pouvoir créer d'autres liens où elle se sent reconnue dans sa spécificité. Depuis, elle semble petit à petit acquérir plus d'indépendance par rapport aux démarches qu'elle doit faire au quotidien, par rapport au traitement médical et au final, elle semble être plus rassurée dans la permanence de son lien avec Sarah.

Conclusion

Ces deux situations mettent en lumière les difficultés que les jeunes femmes exilées rencontrent dans leur parcours au sein de la société d'installation : l'occultation des violences de genre dans la procédure de demande d'asile ; les rapports de pouvoir entre les membres des groupes majoritaires (dont les tuteur·e·s et les référent·e·s) et les mères d'accueil ayant elles-mêmes vécues des violences de genre et racisées, les discriminations sexistes et raciales vécues par les jeunes filles MENA et les mères d'accueil au sein du pays d'accueil et d'origine, etc.

Dans la première situation, comme nous l'avons mentionné dans les prémisses de ce récit, nos visions de la situation nous ont empêchés de voir la réalité quotidienne vécue par la jeune fille dans sa famille. Bloqués dans nos propres présupposés, nous n'avons pas saisi les difficultés rencontrées par Soumia dans sa première famille d'accueil. La flexibilité de l'équipe et la mise en place d'un suivi sur mesure ont toutefois permis de nous dégager de nos représentations et d'envisager pour Soumia un changement de famille. Le deuxième placement dans une famille engagée et féministe s'est avéré positif et apaisant, dans un premier temps. Cependant, à plus long terme, cela s'est avéré très difficile pour Soumia de naviguer entre deux mondes, deux cultures parfois fort différentes. Ceci venait s'ajouter aux pressions subies par les autorités de la société d'installation.

Dans la deuxième situation, la sécurité du statut de la jeune femme nous a permis, sans doute, de créer le lien plus facilement. Toutefois, nous avons vu qu'il était encore nécessaire de la soutenir, de travailler et rassurer les intervenant·e·s qui l'entouraient afin qu'ils·elles puissent petit à petit établir des liens de confiance.

Notre méthode de travail, en plus du travail avec les familles et les jeunes, comporte un volet très important du travail en binôme et en équipe. Dans le but de comprendre et d'intervenir de manière efficace dans le processus d'acculturation et de décentration des différent·e·s protagonistes, un travail préalable, parallèle et continu sur notre propre capacité de décentration s'impose. La confiance et la transparence entre les différents membres de l'équipe participent à sécuriser l'espace de travail en équipe. La supervision et les intervisions d'équipe favorisent ce travail de confiance et de décentrement et nous permettent d'intégrer progressivement les enjeux liés au genre dans notre démarche interculturelle.

Nous poursuivons, de plus, la réflexion sur les enjeux institutionnels de l'intégration du genre dans le placement des MENA. En effet, ces jeunes filles sont souvent placées dans des centres d'accueil principalement composés de garçons. La question de la place des filles dans le quotidien du centre au niveau infrastructurel et des relations entre jeunes et avec les éducateur·rice·s ne fait pas encore l'objet d'une réflexion systématique. *Idem* pour le placement en famille qui suit l'accueil dans les centres, les enjeux de genre ne sont pas conçus ni dans leur spécificité ni dans leurs relations avec les autres discriminations. Nous sommes dans les prémisses de cette analyse institutionnelle mais les enjeux sont importants et les situations rencontrées sur le terrain nous amènent progressivement à systématiser l'analyse intersectionnelle.

Références

– Bronfenbrenner, U. (1979). *The Ecology of Human Development: Experiments by nature and design.* Cambridge, Harvard University Press.
– Cohen-Emerique, M. (1993). « L'approche interculturelle dans le processus d'aide ». *Santé mentale au Québec,* 18(1) : 71-91.
– Cohen-Emerique, M. (2015). *Pour une approche interculturelle en travail social: Théories et pratiques.* Rennes, Presses de l'EHESP.

Violences genrées : de la construction politique de la catégorie « réfugiée » au travail clinique

Contribution collective du Service de Santé Mentale Ulysse

Introduction

Contrairement à une idée profondément ancrée, il n'existe pas de réfugié en soit que les institutions compétentes pourraient identifier, pour peu qu'elles soient indépendantes ou en aient les moyens. Le réfugié est au contraire une catégorie qui se transforme sans cesse, au fil du temps, au gré des priorités politiques et des changements de rapports de force (Akoka, 2018).

C'est étonnant de constater comme on croit qu'existent depuis toujours des manières de voir et de juger historiquement contingentes. Il en va ainsi pour ce qui concerne la prise en considération de critères de persécutions liés au genre dans les demandes de protection internationale des réfugiés beaucoup plus récente qu'on ne l'imagine.

Si nous nous penchons sur cette question – l'histoire de la prise en considération du genre dans la demande d'asile – c'est avant tout parce qu'en tant que service spécialisé dans l'accompagnement psychologique de personnes exilées, nous recevons beaucoup de femmes victimes de persécution, qui ont fui leur pays pour y échapper et revendiquent le statut de réfugié en Belgique.

Nous constatons, dans l'exercice de notre pratique, que le regard porté sur elles et sur la légitimité de leur périple pour arriver jusqu'ici, garde dans la « société d'accueil », une réelle perspective inégalitaire et discriminatoire. Concrètement, dans la suite des raisons de fuite du pays d'origine et de conditions du voyage souvent effroyables, la procédure inquisitrice et suspicieuse du processus de reconnaissance du statut de réfugiée, la (sur)vie en Belgique dans le réseau temporaire d'accueil ou dans la clandestinité, viennent se surajouter comme déterminants de souffrance et d'épreuves psychiques intolérables à ceux qui ont motivé leur départ. Et ce, dans de nombreux cas, très spécifiquement parce que ce sont des femmes. En tant que service thérapeutique, c'est trop souvent autant ou davantage les effets psychiques de l'accueil défaillant, quand il n'est pas franchement une forme de répétition des persécutions, que nous avons à traiter. Pour mieux l'appréhender et illustrer des ébauches de solutions dans nos accompagnements, il nous apparait opportun de nous pencher sur les conditions d'émergence de cette prise en compte du genre.

1. Description du contexte

Le service de santé mentale Ulysse reçoit et accompagne depuis près de 20 ans des personnes exilées à Bruxelles. Le public cible de l'association est composé de personnes présentant des difficultés psychologiques avérées et ne disposant pas encore d'un droit au séjour permanent en Belgique. Cela représente principalement des personnes en procédure d'asile, des personnes bénéficiant d'un statut de séjour provisoire, des personnes déboutées de leur demande de protection et d'autres personnes en situation irrégulière ou clandestine. Ces conditions précaires d'existence en terre d'accueil peuvent constituer un nouveau risque de déstabilisation, qui se cumule aux expériences de fragmentation sociale, d'insécurité ou de violence ciblée rencontrées au pays d'origine ou sur les routes de l'exil. Par l'offre d'un espace sécurisé d'écoute et la possibilité d'un point d'ancrage dans l'errance, l'un des enjeux pour Ulysse est de redonner une parole à des personnes psychiquement fragilisées par leur vécu, dont le statut en Belgique les cantonne dans un entre-deux légal, social et identitaire. L'aide psychologique à Ulysse passe en premier lieu par l'écoute et l'accompagnement de la personne dans le cadre de consultations individuelles. Centrée sur la parole, la relation thérapeutique bâtie par le clinicien privilégie toujours une forme de prise en charge souple, au rythme énoncé par le patient, si possible dans la langue de son choix et adaptée aux spécificités de sa souffrance. Notre offre implique donc un travail important en réseau, le recours aux services d'interprètes professionnels, ainsi que la gratuité pour nos patients les plus démunis. De façon complémentaire au suivi individuel, Ulysse propose des initiatives de soutien collectif, lieux d'un retour à la socialisation avec des pairs, d'échange d'expériences, d'expression créative. Cette offre en santé mentale communautaire se décline sous forme de groupes mixtes ou ciblés.

1.1 L'évolution constante de la catégorie de réfugié·e·s

Les pratiques et les accords internationaux concernant les réfugié·e·s datent de bien avant la Convention du statut de réfugié de 1951 (Convention de Genève). Tout au long du XXe siècle, l'usage et la définition du mot réfugié n'ont eu de cesse de bouger, mettant l'accent sur un aspect et plus tard son contraire. La qualification de réfugié, par exemple, ne s'est pas toujours appliquée à une situation personnelle. Elle dépendait, à un moment, de l'appartenance à un groupe, au gré des relations diplomatiques entre les pays de départ et d'arrivée, contrairement à aujourd'hui, où l'accent est mis sur la persécution individuelle. Pour Karen Akoka, chercheuse en sciences politiques,

> loin d'avoir constitué des réponses neutres répondant à des besoins objectifs, les définitions du réfugié sont, au contraire, toutes politiquement situées et elles en disent finalement bien plus long sur les sociétés qui les élaborent et les mettent en œuvre que sur les individus qu'elles sont censées désigner. (Akoka, 2018 : 16).

Autre évolution remarquable depuis longtemps oubliée : réservée aux seuls européens jusqu'aux années 1960, la demande d'asile, telle que définie par la Convention de Genève, concerne maintenant presque exclusivement des ressortissant·e·s de pays extérieurs à l'Union européenne. Ce n'est qu'à la fin des années 1960 que ce changement a été amorcé (Akoka, 2018).

La politique d'asile (les taux de reconnaissance, les pratiques des instances d'asile) n'a jamais été fixe ni évidente et encore moins neutre. Aussi, elle a toujours été articulée aux politiques migratoires : tant que la migration économique était possible et souhaitée, un phénomène de gestion souple entre « les réfugiés » et les « travailleurs immigrés » existait. Dès lors que les politiques de migration économique ont évolué vers une fermeture, une rigidification de celles d'asile ne pouvait qu'avoir lieu (Akoka, 2020), avec une construction de la figure « du vrai et du faux réfugié » (Rousseau et Foxen, 2006).

De ces considérations découle une idée fondamentale : il n'y a pas de qualité naturelle de réfugié·e, qui saurait être reconnue par des instances indépendantes et aux moyens suffisants. Il s'agit bien davantage d'une qualification, qui est en elle-même une construction politique. Celle-ci en dit plus sur le regard posé sur une partie des exilé·e·s que sur les populations concernées elles-mêmes, leurs trajectoires et leur histoire.

1.2. Les violences liées au genre

Les catégories, définies en 1951 comme susceptibles de crainte de persécution dans la Convention de Genève (l'activité politique, la croyance religieuse, l'appartenance ethnique, la nationalité ou l'identification à un groupe social particulier), encore en vigueur actuellement, n'évoquaient pas explicitement de persécution liée au genre. On n'y trouve aucune référence à des formes de violence organisée ou de persécution qu'une femme subirait parce qu'elle est une femme. Bien au contraire, comme le précise Jane Freedman (2004 ; 2008), les termes initiaux de la convention différenciaient généralement de manière implicite les activités des hommes et des femmes sur la reconnaissance de leur caractère politique. Seules certaines formes d'engagement, de militance, portées généralement par les premiers, semblaient dignes de l'appellation « politique », et donc d'une demande de protection.

> Il est clair qu'une partie des femmes sont des militantes politiques, des membres des partis d'opposition et qu'elles entreprennent des activités qui entrent dans les définitions les plus classiques de la politique. Mais la division sexuelle du travail et les rôles sociaux de sexe font que les activités des femmes sont très souvent différentes de celles des hommes. Les femmes peuvent donc être persécutées pour des activités politiques plus « indirectes » qui entrent moins facilement dans la définition « classique » de la politique, telle que le fait d'abriter et de cacher des personnes, de les nourrir ou de les soigner. Ce type d'activité n'étant pas reconnu comme directement politique et menant à des persécutions réelles les femmes auront des difficultés à faire valoir leur expérience devant les institutions d'immigration dans le pays où elles sollicitent l'asile (Freedman, 2008 : 3-4)

Beaucoup plus tard, il est devenu légitime de considérer certaines pratiques sociales coutumières, non liées à des périodes de conflit, ou de persécution de groupe, comme des formes de traitements inhumains et dégradants, assimilés à la torture, et de les qualifier de persécution. C'est le cas des mutilations génitales féminines et des mariages forcés. Il n'est pas inutile de relever le caractère somme toute très récent de cette reconnaissance. Et encore faut-il voir ce que l'on reconnaît là, de quelle manière, et avec quelles conséquences, comme nous allons essayer de l'illustrer dans notre développement.

On a l'habitude aujourd'hui d'utiliser la dernière catégorie invoquée par la Convention, celle de l'appartenance à un groupe social ciblé, pour rendre compte de persécutions qui viseraient spécifiquement, de manière souvent structurelle et naturalisée, les femmes (viols comme armes de guerre, mutilations génitales, mariages forcés). Dans les faits, ce n'est qu'en 1984 que le Parlement européen a adopté une résolution appelant les États à considérer les femmes qui ont été victimes de persécutions en raison de leur sexe comme étant un groupe social, suivant les termes de la Convention de Genève. Cette ligne d'action sera soutenue en 1991 par le Haut-Commissariat aux Réfugiés (HCR) dans ses Directives pour la Protection des Femmes Réfugiées, appelant à considérer les femmes qui ont été persécutées pour avoir enfreint des normes sociales comme étant un groupe social particulier (Freedman, 2004). On en conclut que, jusque-là, les craintes d'excision ou celle de subir un mariage forcé n'entraient pas en ligne de compte comme catégories légitimes pour être considérée comme victime de persécution. Enfin, il faut attendre 2014 et l'entrée en vigueur de la convention d'Istanbul pour voir se déployer un outil juridique international consacré spécifiquement à la lutte contre les violences faites aux femmes (Freedman, 2004)[1].

---

[1] Le Canada est le premier pays ayant adopté les lignes directrices régissant la pratique du droit d'asile en matière de genre (1993), suivi par les États-Unis et l'Australie. En Europe, seuls le Royaume-Uni, la Suède, les Pays-Bas et la Norvège les ont également adoptées. Mais d'autres pays, tels que la Belgique par exemple, ont identifié des équipes spécifiquement chargées du suivi des problématiques de genre au sein de l'autorité administrative responsable du traitement des demandes d'asile. L'Union européenne, s'est également engagée

La qualification de groupe social pour rendre compte de certaines persécutions liées au sexe ne résout pas tout. Sur le terrain, deux approches sont en vigueur (Al-Assi *et al.*, 2012) : l'une considère qu'un groupe social est déterminé par une caractéristique partagée immuable, ou par une caractéristique à ce point fondamentale pour la dignité humaine que le porteur de cette caractéristique ne peut pas être obligé d'y renoncer. L'autre met en évidence l'élément externe, si le groupe est reconnaissable par la caractéristique partagée ou est considéré comme différent par la communauté[2]. Les définitions, les pratiques et la marge d'interprétation seraient là aussi très fluctuantes. Ici encore, il serait intéressant de situer dans quel contexte international ce changement apparait. Mais surtout, qu'est-ce qui est reconnu comme une violence liée au genre et qu'est-ce qui ne l'est pas ? Qui regarde, qui décide ? Il s'agit de garder une réflexion critique sur les constructions de catégories qui sont toujours politiques. Et cela aussi parce que les pratiques liées à l'asile sont performatrices : il s'agit de constructions sociales, qui se font par la performativité, dans un but de reconnaissance sociale c'est-à-dire avec leurs points de focus et leurs attendus, elles ont des effets sur les personnes en quête d'un statut légal, tout comme sur le regard de celles qui doivent en décider.

À partir d'exemples issus de notre pratique clinique, nous pourrons illustrer comment viennent s'incarner dans des trajectoires individuelles dramatiques les enjeux parfois contradictoires et

---

dans la prise en compte de la dimension genrée des persécutions pour la reconnaissance du statut de réfugié·e. Ainsi, la directive sur la qualification (voir plus bas) initialement adoptée en 2004 et refondée en décembre 2011, établit les normes minimales auxquelles les États membres doivent se conformer pour la reconnaissance d'une protection internationale. L'interprétation de la Convention de Genève par l'UE reste cependant plus restrictive que celle du HCR car elle n'envisage cette prise en compte que dans l'interprétation des persécutions du fait de l'appartenance à un certain groupe social et non dans l'interprétation de chaque motif de persécutions.

[2] Voir le rapport « 60 ans de la Convention de Genève. Analyse de la pratique belge et du contexte international et européen », p.18 https://www.refworld.org/pdfid/50b8a46f18.pdf

ambigus de l'évolution des qualificatifs du statut de réfugié·e. Nous tenterons également de rendre compte de l'accompagnement thérapeutique qui peut être proposé à celles qui ont subi intimement les effets de violences genrées, et de leurs interprétations collectives, au potentiel également discriminatoire du processus de reconnaissance et d'octroi du statut de réfugié·e.

2. L'accompagnement psychologique de femmes exilées

Nous proposons deux vignettes cliniques pour illustrer les enjeux psychologiques de reconnaissance à l'œuvre dans la demande d'asile et l'entrechoquement avec les critères normatifs du pays d'installation qui souvent dénient toute forme de reconnaissance.

Vignette 1 : Madame A a quitté son pays pour finir des études universitaires en Belgique. Au bout de quelques années de présence légale sur le territoire, tout dégringole. Elle tombe enceinte de son compagnon, relation non officielle et cachée à ses parents, parce que Mme A les juge incapables de l'accepter. La suite lui donne raison : lorsqu'ils apprennent la naissance de cet enfant hors mariage, elle est maudite, bannie et exclue de son groupe d'appartenance. Bouleversée, elle n'arrive plus à suivre ses études. Elle échoue à ses examens, et perd ainsi le renouvellement de son titre de séjour. Des années d'errance et de misère s'ensuivent : elle tentera, sur des conseils tiers, une demande d'asile au motif de ne plus pouvoir retourner dans son pays après avoir transgressé les pratiques et codes sociaux de sa communauté, choses d'autant plus inadmissibles de la part d'une femme. La stigmatisation et les discriminations qu'elle et son enfant subiraient, en cas de retour, seraient bien trop lourdes et dangereuses. Mais le gouvernement belge ne lui reconnaitra jamais ce motif, arguänt qu'ayant fait des études supérieures, elle a le profil d'une femme qui pourrait très bien se débrouiller en dehors de sa communauté d'origine. Elle ne correspond pas au profil que nos autorités se font d'une personne victime de violence genrée.

Nous touchons là à une dimension centrale des représentations en vigueur : celle de la figure de la victime. Qui peut se sentir et se dire victime d'un danger ? En 2017, notre service a reçu Kolbassia Haoussou, un des représentants de l'organisation « Survivors speak out »[3] basée au Royaume-Uni, venu raconter la création et le fonctionnement de leur mouvement à un groupe de patient·e·s d'Ulysse participant à une activité collective, dite communautaire. « Nothing about us without us » était leur raison de s'être constitué, tant les discours, pratiques et politiques concernant des groupes dits « vulnérables » – ici des personnes ayant subi des tortures – se faisaient presque systématiquement sans la participation des personnes concernées. Pour ce collectif, tout était complexe et appréhendé comme tel, à commencer par le nom choisi de leur organisation. Monsieur Haoussou relatait que, si pour un certain nombre d'entre elles et eux, il était vital de pouvoir se présenter comme survivant·e·s de la torture, notamment pour avoir la force d'en témoigner sans s'effondrer, pour d'autres, la violence résidait dans le refus de les reconnaitre comme victimes. Il avait pris l'exemple de la parole d'une femme, lors d'un des groupes de discussion qu'ils animent dans les centres d'accueil pour réfugiés et les centres de soins : « tant qu'on ne me reconnaitra pas victime, je n'ai rien à dire. »

Pour que les risques de persécution soient reconnus comme fondés, débouchant ainsi sur un statut de réfugié, faut-il obligatoirement se reconnaitre et se présenter comme victime ? Quelle reconnaissance quand la figure de victime ne correspond pas aux critères normatifs du pays d'installation ? Cette figure de la victime n'est-elle pas plus particulièrement activée concernant les femmes ? Dans *De la marge au centre, théorie féministe* (hooks, 2017), la féministe américaine bell hooks arguait déjà de la nécessité de rejeter le parallèle entre être une femme et être victime. Pour elle, cette conception réductrice du genre et de la condition féminine découlait directement de l'idéologie sexiste.

---

[3] https://www.freedomfromtorture.org/what-we-do/survivor-activism/survivors-speak-out

Du côté des instances d'asile, y a-t-il attente d'un profil spécifique, délimitant un groupe de « bonnes victimes », tel que conçues dans les représentations normatives des pays d'accueil ? Une personne vue – et jugée par celle qui regarde et décide – comme suffisamment (mais pas trop) démunie ? Mais, qui décide de l'échelle de gravité des faits fuis ? Tout comme des ressources dont disposerait une femme pour s'en sortir autrement qu'en demandant la protection dans un pays européen ? La question du regard posé est bien la coordonnée centrale, et ce dernier s'inscrit toujours dans une époque, un contexte historique et socio-politique déterminé.

Autre illustration rencontrée à propos de la représentation de victime qui fige la personne concernée dans le moule de celle ou de celui qui la regarde :

Vignette 2 : Mme B avait un peu moins de 20 ans quand elle a fui la Guinée, grâce aux bons soins d'une tante qui travaillait au port de Conakry. C'est chez cette même tante qu'elle vivait la plus grande partie de l'année. Jeune fille moderne, instruite, vivant à la capitale, elle ne se rendait dans son village d'origine du Fouta que lors des vacances. C'est à l'occasion de celles-ci, avant d'entrer en terminale, à 17 ans, qu'elle se retrouve séquestrée et mariée de force à un homme de plus de 60 ans. Elle vivra plus d'un an dans la concession de cet homme, avec ses deux autres femmes. Elle sera régulièrement violée et battue par cet époux et par le fils ainé de celui-ci. Quand elle parvient à s'échapper, à retourner chez sa tante et à fuir, elle porte en elle un enfant dont elle ignore lequel des violeurs était le père. Lors de sa demande d'asile en Belgique, le Commissariat Général aux Réfugiés et aux Apatrides (CGRA), l'instance chargée d'évaluer si une demande de protection est recevable et légitime, a invoqué ici aussi le niveau élevé d'instruction de Madame B pour justifier du manque de crédibilité de sa demande de protection. Un tel type de traitement devait, aux yeux de l'officier concerné par le traitement de sa demande, être réservé à des femmes qui n'avaient pas bénéficié du droit à la scolarité.

Il faut savoir qu'en Belgique, la reconnaissance du statut de réfugié repose pour l'essentiel sur l'analyse du récit autobiographique de la personne qui demande l'asile. Celle-ci doit répondre oralement à un·e fonctionnaire qui lui pose des questions diverses, précises, parfois très intimes sur les évènements à l'origine de la fuite et les conditions dans lesquelles celle-ci a eu lieu. Cette audition, qui s'apparente sous certains aspects à un interrogatoire, doit fournir les éléments qui permettront d'établir si la personne craint réellement, ou « invente », des formes de persécution qui entrent dans les critères actuels aux noms desquels une demande de protection est jugée légitime. Il s'agit avant tout d'évaluer la crédibilité de l'histoire que la personne demandeuse raconte. Tout ce qui parait invraisemblable au fonctionnaire représentant le CGRA pourra motiver un refus. Dans le cas présent, la non-congruence, entre le niveau d'éducation et le type de violence coutumière subie. On aura compris le rôle important de la subjectivité et des représentations imaginaires de ceux et celles qui réalisent les auditions. Là aussi, les stéréotypes de genre ne manqueront pas de s'exprimer avec une violence aux effets terribles ; non seulement la demandeuse est traitée de menteuse, et donc niée dans son vécu subjectif, rendant plus délicate une reconnaissance nécessaire, que ce soit que l'on s'identifie à une survivante ou une victime. Mais, plus brutalement encore, cette évaluation réactive le risque d'expulsion et de retour forcé vers les lieux d'exaction et de persécution.[4]

3. Leviers dans l'intervention

Comment considérer ces situations dans une perspective clinique ? Comment réfléchir les effets d'un contexte global sur une

---

[4] Dans le cas présent, le thérapeute d'Ulysse fournit une attestation circonstanciée sur le caractère typique des symptômes présentés de séquelles des traitements inhumains décrits et accompagna la patiente lors d'une nouvelle audition, ce qui représenta un élément déterminant dans la prise d'une nouvelle décision et l'octroi de protection finalement obtenu.

personne ? Ou dit encore autrement, quel lien et quelle articulation faudrait-il penser entre d'une part une dimension collective – un ordre social déterminé qui assignerait certaines personnes, ici des femmes exilées, à une certaine place et produirait de manière systémique certains mécanismes d'oppression – et de l'autre, la dimension individuelle, singulière et subjective, soit les effets sur un sujet, au cas par cas, de cet agencement social ?

3.1. La nécessité d'une position socialement située

Penser les mouvements (et les points de rigidification) de l'Histoire, et postuler qu'ils doivent être présents dans l'écoute du clinicien en ce qu'ils traversent l'histoire des familles puis des individus, ne revient pas à indiquer *a priori* comment chaque individu en sera marqué. Notre hypothèse de travail est à la fois qu'il est indispensable de prendre en considération le contexte global dans lequel se meut le sujet de la rencontre, *a fortiori* lorsqu'il est l'objet d'attention du discours politique, tout en se gardant bien de supposer à l'avance, pour l'autre et à sa place, comment lui se situe dans cet agencement, quels sont les points d'accroche, d'écho, de repère, de rejet, de conflictualisation, etc., qu'ils produisent sur lui.

Un écueil en effet, du côté de la pratique clinique, serait de prendre tels quels les traits caractéristiques avancés d'un ou sur un groupe social, pour des traits identificatoires opérants pour le sujet de la rencontre. C'est bien là la particularité de chaque position subjective que de proposer des réagencements à chaque fois originaux de déterminants sociaux, culturels, historiques et politiques. Et ce parfois à l'encontre de représentations partagées qui assignent.

Parfois, le malentendu que nous soulevons s'illustre de manière très explicite, comme l'illustre la situation suivante.

Vignette 3 : Mme K a 36 ans quand elle s'adresse à notre service. Elle est originaire d'un des pays d'Afrique de l'Ouest, en principe les plus ouverts et progressistes en matière de lutte contre les discriminations de genre, le Sénégal. Elle est d'origine modeste, de confession musulmane. Son père avait 4 épouses. Elle est la première fille de sa famille à avoir suivi des études universitaires. Après son master en sciences économiques, elle est devenue professeure de mathématiques dans un lycée. Il y a 5 ans, elle a « subi » une interruption volontaire de grossesse clandestinement, contre l'avis de son compagnon. Quand il l'a appris, ce dernier l'a battue, puis dénoncée à la communauté. Mme K s'est alors cachée et a fui son pays. Après une longue errance, elle est arrivée en Belgique, où elle a demandé l'asile. Elle a reçu une réponse négative, le CGRA ne croyant pas qu'un évènement de ce type, s'il reste dans la sphère privée, puisse réellement lui nuire au Sénégal. Lors des entretiens de suivi psychothérapeutique, Mme K explique qu'elle pense introduire une nouvelle demande d'asile, et que, dans ce cadre, on lui a conseillé de consulter une association de référence en Belgique francophone en matière de lutte contre les mutilations génitales, les mariages forcés, et l'accompagnement de celles qui en ont été victimes. Le thérapeute manifeste sa perplexité quand elle annonce cela et il s'autorise à lui dire : « sans doute ne vous aurait-on pas donné ce conseil si vous aviez été une femme originaire d'Irlande et de Pologne, fuyant les lois interdisant l'IVG dans ces pays... ». L'amalgame entre type de violence genrée et origine est ici édifiant et illustre le type d'ambiguïté et de violence symbolique auxquelles sont soumises celles qui sont à la fois femmes, exilées et racisées. Le suivi de Mme K se poursuit, et elle a trouvé des lieux où défendre le droit des femmes à disposer de leur corps et de leur désir d'enfant, quelles que soient leurs origines, sans négliger un focus particulier sur celles qui sont originaires d'Afrique de l'Ouest et de confession musulmane. Un combat sans doute pas près d'aboutir, mais essentiel.

3.2. L'analyse des violences systémiques

La situation suivante permet d'appréhender les violences systémiques qu'encourent les femmes en demande d'asile.

Vignette 4 : Suite à une décision de refus d'octroi d'un statut de réfugié, Mme H, craint que la police ne l'arrête et décide de quitter son lieu de vie pour ne pas être envoyée dans un centre fermé et risquer une expulsion de la Belgique. Débute alors une période de vie dans la rue, où un jour elle se fait violer. Le trauma psychique qu'elle va développer autour de cet évènement sera massif, et elle passera par une période de décompensation psychotique qui l'amènera à être hospitalisée plusieurs semaines en psychiatrie – lieu qu'elle vivra comme une mise à l'abri. À sa sortie, après une amélioration constatée de son état, elle rechute : confusion majeure, multiples hallucinations de type traumatiques, état de qui-vive permanent, sensation de croiser son bourreau à chaque coin de rue. Sur le chemin de notre service, Mme H passera parfois des heures, cachée dans un buisson. Quand elle croise la police dans la rue, ce qui ne manque pas d'arriver, elle se met à courir, trébuche, se fait mal et met des heures à se calmer. Parfois, elle lève les bras au ciel, ferme les yeux, et se prend pour un avion. Ainsi dit-elle, elle échappera à la police, au violeur. Elle hallucine, alors, qu'elle rentre dans son pays d'origine, lieu où « au moins elle existe ». Sauf que rentrer lui reste toujours impossible tant les risques qu'elle courrait au moment de sa fuite restent présents. Mais aussi, c'est son nouvel état, connu de toute la communauté, qui fait d'elle à présent l'objet de toutes les stigmatisations et de toutes les moqueries. « Une femme violée, un corps souillé, une folle. » Des vidéos d'elle, prise dans un état de confusion, circulent sur des réseaux la donnant en exemple : voilà ce qu'elle est devenue. La honte s'abat sur elle et ses proches au pays – « la folle » ne peut plus rentrer. Pour elle, c'est ce corps-déchet, cette vie sans valeur à qui l'on peut faire absolument tout ce que l'on veut, qui ne mérient plus de vivre.

Accéder au statut de victime était un point d'avancement nécessaire dans sa thérapie, pour sortir un tant soit peu de cette honte écrasante intériorisée, le sentiment de ne rien valoir et d'avoir au fond non seulement mérité cela, mais l'évidence pour elle que cela se reproduira inévitablement « sans papier, elle n'a aucune valeur et aucun droit », elle est devenue cet objet dont on peut faire ce que l'on veut. Le travail autour de la figure de la victime a permis de faire advenir le début d'un mouvement, mais aussi d'une perspective plus globale qui allait non seulement faire apparaitre l'autre – le violeur – dans son schéma de pensée en déconstruisant sa parole qu'elle avait totalement intériorisée (« laisse-toi faire, tu sais bien que si j'appelle la police c'est toi que l'on va embarquer ») mais aussi tous les autres : ses amies ici qui la prenaient en pitié et ne cessaient de lui parler de cet évènement ; ses proches au pays, lui intimant le silence voire la guérison, tant il leur devenait insupportable « qu'elle en fasse tout un plat, ça arrive tous les jours ». Puis toutes les femmes qui subissait la même expérience de violence, tristement nombreuses, du fait de leur condition de femme, *a fortiori* les femmes étrangères sans-papier et à la rue.

Cet accompagnement illustre de manière très manifeste un élément essentiel : la violence d'un système social qui, sous couvert de « protéger les femmes, les victimes, etc. », alimente et produit lui-même la misère, la détresse, la mise en danger. Comment concevoir autrement les centres fermés, les traques aux sans-papiers, les vies maintenues dans l'illégalité et ainsi exposées à toutes formes d'abus, de violences et d'exploitation ? Ce sont bien les décisions administratives prises ici, sur la base d'une instruction qui peut se révéler stéréotypée et genrée (Valluy, 2005), qui exposent toutes les femmes que nous recevons en consultation à de nouvelles violences.

Conclusion

Cette dernière vignette clinique éclaire aussi un positionnement, une posture clinique, qui nous semble fondamentale : pour lutter contre l'intériorisation des effets d'une violence collective et systémique, il faut en premier la reconnaitre, la nommer, puis la dénoncer. Ne pas dénier le symptôme du social, ne pas le faire porter sur les épaules du sujet, ce qui ne revient pas à dire pour l'autre la trace qu'elle produit sur elle. Cette première étape nous apparait indispensable avant de demander à cette autre personne devant soi comment elle le vit, singulièrement. Comment elle se débrouille avec, où est-ce que cela la blesse, comment elle se l'explique, en quoi cela fait écho à d'autres questions qui lui sont intimes ? Se vit-elle victime, résistante, en lutte, blessée, anéantie, objectalisée, « déchéisée », avec tous les multiples affects liés, les conflits internes et l'ambivalence aussi ? Notre fonction de cliniciens exige de nous de savoir écouter, au cas par cas, les effets sur le sujet d'un vécu, sans les présupposer, faute de quoi nous ne ferions que reproduire une dynamique où l'autre serait l'objet de notre savoir.

Bien sûr cela demande une adaptation au cas par cas, une finesse clinique. Parfois, l'on peut craindre qu'un tel propos n'effondre le sujet, ne lui barre tout espoir, tout horizon, ou bien renforce, par ailleurs, un délire de persécution. Il nous apparait qu'inscrire le sujet dans un contexte, dans une dimension collective, pourrait réduire cet écueil. Mais précisons peut-être – reconnaitre, nommer et dénoncer une violence systémique peut se faire sans affirmer d'emblée que c'est de cela qu'il s'agit ici. Car nous devons respecter la temporalité du sujet, et faire place à son positionnement, pour qu'un cheminement se fasse. Cela existe, d'autres le vivent – qu'en est-il pour vous ? Et s'il s'agit d'une condition partagée par certaines, c'est aussi un mécanisme dénoncé et combattu par d'autres – que l'espoir persiste.

Nous nous autoriserons un dernier commentaire, ouvert au débat, concernant la pertinence clinique d'user de la question des « privilèges », et *a fortiori* une pratique qui préconiserait de « nommer ceux que le ou la thérapeute aurait ». La fonction clinique nous demande de repérer et « manier » des enjeux transférentiels – quels sont les représentations et les enjeux affectifs du patient à l'égard du thérapeute et réciproquement – qui bien souvent répondent aussi (pour le moins) de conflits inconscients ? Et c'est bien de cette mise en lumière et de ce cheminement singulier qu'il est question dans le cadre de notre travail. Le thérapeute doit s'être questionné sur le contexte dans lequel il vit, l'ordre social régnant et les différentes places auxquelles ce dernier assigne les uns et les autres. Le cadre thérapeutique n'est pas un espace déconnecté, séparé de la réalité sociale dans laquelle il se situe.

Références

- Akoka K. (2018). « Réfugiés ou migrants ? Les enjeux politiques d'une distinction juridique ». *Nouvelle Revue de psychologie*, 1(25) : 15-30.
- Akoka K. (2020). *L'asile et l'exil. Une histoire de la distinction réfugiés/migrants*. Paris, La Découverte.
- Rousseau C. et Foxen P. (2006). « Le mythe du réfugié menteur : un mensonge indispensable ? » *L'évolution psychiatrique*, 71(3) : 505-520.
- Freedman J. (2004). « Introduire le genre dans le débat sur l'asile politique », *Les Cahiers du Cederf*, 12 : 61-80.
- Freedman J. (2008). « Genre et migration forcée : les femmes exilées en Europe », *Les Cahiers du Cederf*, 16 : 169-188.
- Hooks B. (2017). *De la marge au centre, théorie féministe*. Paris, Cambourakis.
- Valluy J. (2005). « Vrai ou faux réfugiés ? ». *Espaces Temps* (Réfléchir les sciences sociales), 89/90 : 96-103.

« Femmes en exil, identités en péril ? »
La nécessité d'une double reconnaissance de leur souffrance et de leur humanité dans le travail thérapeutique

Anissa Tahri et Julie Lavaux
Psychologues, Centre d'Accompagnement Rapproché
pour Demandeurs d'Asile
(CARDA), Croix-Rouge de Belgique

Introduction

En Belgique, chaque année, des femmes demandent l'asile car elles sont persécutées dans leur pays d'origine en raison de leur genre. Arrivées seules ou en famille, ces femmes cherchent à obtenir le statut de réfugiée et ainsi, être reconnues comme victimes et protégées, selon la Convention de Genève, pour les discriminations subies sur base de leur appartenance à un groupe social (les femmes). En effet, dans certains pays, être une femme, c'est être sujette à de multiples violences, qu'elles soient sociales, politiques ou encore familiales : mariages forcés, mutilations génitales, violences basées sur l'honneur, etc.

Accueillir et travailler avec des femmes demandeuses d'asile est un véritable défi. Marquées par un parcours de violences, vécues tant dans leur pays d'origine que sur le chemin d'exil, l'arrivée en Belgique ne signifie pas toujours la fin du périple. En effet, chaque société véhicule des représentations concernant les groupes sociaux. Les femmes réfugiées n'en sont pas exemptes. En Occident, elles sont souvent perçues comme victimes, vulnérables, à risque, passives, ayant besoin d'être sauvées, protégées, assistées. À l'inverse, les hommes réfugiés, eux, peuvent être décrits comme problématiques, sauvages, ayant besoin d'être contrôlés, disciplinés. Ainsi, les travailleur·se·s humanitaires peuvent être considéré·e·s comme ceux et celles qui sauveront les femmes réfugiées et « civiliseront » les hommes réfugiés. Ces représentations sont particulièrement dangereuses car elles produisent des asymétries de pouvoir entre réfugié·e·s et travailleur·se·s, entre étranger·ère·s et nationaux, entre Eux et Nous (Olivius, 2015). Ces rapports de pouvoir sont délétères pour l'égalité de genre et enferment les femmes dans des identités qui les empêchent de s'émanciper (Shepherd, 2008). De plus, considérer les femmes réfugiées comme des victimes à sauver, c'est reproduire des rapports d'exclusion et d'oppression qu'elles ont justement cherché à fuir (Halley *et al.*, 2006).

De ce fait, la posture thérapeutique nous semble importante à prendre en considération lors d'interventions auprès de femmes migrantes, et ce d'autant plus lorsqu'elles ont été victimes de violence. En effet, notre manière d'être, de les considérer et de les appréhender peut parfois involontairement être teintée d'une surprotection bienveillante. Or, ce processus risque de créer à son tour de la violence à l'égard des femmes (victimisation secondaire), en ne les considérant pas aptes à se sauver elles-mêmes. Cela influence leur estime d'elles-mêmes mais aussi leur confiance en elles, déjà mise à mal dans leur vécu.

Comment dès lors, en tant que travailleur·se, prendre conscience de ces représentations sociétales et les contrer dans notre travail quotidien ? À travers ce chapitre, nous proposons de partager quelques réflexions issues de notre pratique clinique en tant que psychologues auprès de demandeur·se·s d'asile au sein du centre CARDA de la Croix-Rouge de Belgique. Le centre CARDA (acronyme de « Centre d'Accompagnement Rapproché pour Demandeurs d'Asile ») est un centre de la Croix-Rouge de Belgique qui offre un accompagnement thérapeutique pour les demandeurs d'asile en souffrance mentale, qu'ils soient isolés ou en famille. Des suivis psychologiques ambulatoires sont proposés ainsi que des projets thérapeutiques en résidentiel. Ces derniers permettent un accompagnement pluridisciplinaire (psychologique, médical, éducatif) quotidien, limité dans le temps de 3 à 6 mois, tandis que le suivi ambulatoire est conditionné à la durée de la procédure d'asile. Des entretiens d'analyse de la demande permettent au psychologue et à l'équipe d'évaluer la pertinence de la prise en charge et, ainsi, de proposer à la personne ou à la famille la modalité la plus adaptée à ses difficultés.

La rencontre thérapeutique avec des femmes migrantes victimes de violence est riche et propice à la résilience, pour autant que l'on mette en place un processus qui l'active plutôt qui l'entrave. Ainsi, comment veiller à ne pas enfermer les femmes demandeuses d'asile dans des identités victimisantes mais œuvrer à faire émerger une identité positive ? Comment ne pas les déposséder de leur capacité d'agir en mettant en valeur leur pouvoir d'action ? Comment ne pas se laisser envahir par des idées préconçues sur les femmes migrantes et leur laisser leur pleine singularité ?

1. Les femmes réfugiées… uniquement victimes ?

> « C'est le contrôle exercé sur nous qui est violent, cette faculté de décider à notre place ce qui est digne et ce qui ne l'est pas »
> (Virginie Despentes, 2006)

L'exil n'est pas un long fleuve tranquille. En effet, tant dans le pays d'origine que lors de leurs parcours migratoires, les femmes peuvent avoir été victimes de conflits armés, de discriminations ethniques et/ou religieuses, d'agressions sexuelles, d'exploitation économique, de viols, de mariages forcés, de traite des êtres humains, d'esclavage sexuel… avec les conséquences qui en découlent (grossesses non-désirées, VIH, traumatismes, etc.).

Ces évènements vécus laissent souvent des traces sur ces femmes qui se sentent ainsi déshumanisées, souillées, dévalorisées. Elles ont le sentiment de ne plus avoir le droit d'exister (Roisin, 2017). Leur identité a été ébranlée, voire brisée.

Il est dès lors thérapeutiquement intéressant de travailler sur base d'une double reconnaissance, à la fois de leur souffrance mais également de leur humanité. Se sentir ainsi considérée va réactiver un sentiment d'existence et de dignité (Neuburger, 2012). Ce processus permet de reconnaitre tout autant leur vécu douloureux que leurs ressources, évitant ainsi de tomber dans une prise en charge victimisante ou paternaliste (Delage, 2008).

En outre, bien qu'ayant été mise à mal durant leur parcours d'exil, l'identité est un processus dynamique qui peut heureusement se reconstruire au cours de la vie (Erikson, 1972). Cependant, cette reconstruction dépendra autant de la personne que de son entourage. En effet, c'est notamment à travers le regard de l'Autre que l'être humain intériorise sa propre image. On parle de « soi en miroir » (Licata et Heine, 2012). Notre regard de thérapeute est ainsi primordial car il influence considérablement la manière dont la personne va se percevoir. Considérer les femmes réfugiées uniquement à travers leur identité de victime, les empêche d'exister autrement que par leur souffrance et leurs défaillances, entravant ainsi leur processus de résilience.

Par conséquent, nous proposons de veiller au pouvoir que nous détenons lorsque nous définissons l'autre. En effet, si c'est à travers les interactions sociales que les individus développent leur identité, utilisons ce pouvoir pour permettre aux personnes que nous rencontrons de retrouver une juste place, à la hauteur de leur force d'avoir survécu à de multiples horreurs.

L'espace thérapeutique doit ainsi permettre de débloquer une identité figée dans un passé douloureux et d'ouvrir un nouveau champ des possibles : « mon passé ne m'empêche pas d'être celle que je suis ni celle que j'ai envie d'être ». Afin d'exemplifier notre propos, nous vous présentons la situation de Mme S., rencontrée au cours de notre intervention.

Nous avons reçu Mme S., d'origine sénégalaise, maman d'un bébé de 9 mois. Mme était hantée par des souvenirs envahissants. Elle disait être de plus en plus nerveuse et isolée. Lors de notre premier entretien, Mme nous a expliqué qu'elle suivait ses études à Dakar quand son père avait pris sa retraite et était retourné au village. Lorsqu'elle était encore à l'université, il lui avait demandé de le rejoindre. Contrainte, elle s'était exécutée. Lors de son arrivée, elle a été mariée de force à un homme beaucoup plus âgé qu'elle. Mme refusant la consommation du mariage, avait subi plusieurs viols de son mari. Elle avait tenté de fuir à de multiples reprises avant de parvenir à migrer définitivement en Europe.

Mme S accorde beaucoup d'importance à l'instruction. Elle nous a expliqué, alors, son parcours scolaire, sa colère vis-à-vis de son père qui n'a pas voulu qu'elle poursuive ses études alors qu'avec ses petits boulots, elle arrivait à les financer. Sa déception a été importante lorsqu'à son arrivée dans le centre d'accueil, on lui a expliqué qu'elle ne pourrait pas reprendre l'université car c'était une « demandeuse d'asile » et que c'était mieux pour elle de faire une formation d'aide-soignante ou d'aide-ménagère, étant donné que c'étaient les emplois en pénurie en Belgique.

Ses voix intérieures la culpabilisaient souvent d'avoir pu espérer devenir quelqu'un d'autre que ce qui avait été imposé par sa famille. Ce mal-être était accentué par un sentiment d'impuissance car l'avenir tant espéré dans le pays d'accueil ne lui permettait pas d'être et d'exister autrement. Elle avait quitté son pays pour ne plus devoir correspondre aux injonctions de sa famille, pour arriver dans un pays d'accueil qui lui en imposait d'autres.

La première étape du travail était selon nous, de sortir de cette identification faite par l'autre, pour qu'elle puisse retrouver une identité en adéquation avec ses valeurs et ses désirs. Quelquefois, les paroles les plus thérapeutiques peuvent être réduites à une simple phrase comme « c'est possible ». Ouvrant un nouvel espace d'opportunités et refusant un contexte limitant, nous avons établi ensemble une liste d'universités disposant d'une crèche ayant un programme disponible pour les demandeurs d'asile. Mme prit cette opportunité comme un véritable défi. Après de multiples recherches et rendez-vous, Mme a pu s'inscrire à l'Université Libre de Bruxelles. Durant cette période, nous avons vu les symptômes de Mme diminuer : elle exprimait moins d'affects dépressifs et ses relations avec les autres s'amélioraient. Nous l'avons vue à nouveau réellement exister lorsque ses cours ont commencé.

L'histoire de Mme S. démontre le pouvoir des mots et des attitudes des travailleur·se·s dans le bien-être des femmes demandeuses d'asile. À partir d'une perception erronée et stéréotypée, on peut ébranler la vision que la femme porte sur elle-même. À l'inverse, l'avoir considérée autrement que comme une simple « demandeuse d'asile », « victime » et de ce fait, « incapable de faire autre chose que le ménage » a été le tremplin nécessaire à son autoréalisation. Cette vignette clinique illustre le processus de résilience possible dès lors que notre perception de l'identité de la femme demandeuse d'asile n'est pas liberticide mais libératrice. La reconnaissance de ses capacités lui a ainsi permis de définir sa propre identité (Hajdukowski-Ahmed, 2008).

Cependant, si les représentations des travailleur·se·s peuvent enfermer les femmes demandeuses d'asile dans des identités victimisantes et entraver leur processus de résilience, il nous semble important de souligner que les représentations de la femme à l'intérieur de sa propre communauté peuvent également empêcher ce processus.

En effet, l'arrivée en Belgique ne signifie pas l'arrêt des pressions communautaires et familiales sur les femmes. Vivre en centre d'accueil collectif avec une grande majorité d'hommes, parfois issus de leur propre communauté, rend la vie de ces femmes parfois difficile. De fait, cette pression, à la fois sociale et culturelle, peut freiner leur liberté (Nederlandstalige Vrouwenraad, 2010). Dans ce contexte, le·la thérapeute pourra être un soutien pour que les femmes puissent exprimer celles qu'elles ont été, celles qu'elles sont et celles qu'elles voudraient être et non pas celles qu'on veut qu'elles soient. À cet égard, ils·elles les accompagneront dans leur réflexion sur elle et les bouleversements identitaires engendrés par la migration, Illustrons notre propos à l'aide du récit de la famille A. issu de notre pratique clinique.

Nous avons reçu la famille A., d'origine palestinienne, composée de la maman, Mme L., de son fils P. âgé de 18 ans et de sa fille, F., âgée de 20 ans. Notre intervention a été demandée à la suite d'un conflit violent entre les deux enfants. Cette altercation avait mené à la séparation de la famille dans deux centres différents : la mère et le fils d'un côté, la fille de l'autre.

F. était une jeune femme indépendante. Elle avait fui un mariage forcé au pays, ne portait pas le voile, allait en formation, voyait des amis. Elle ne correspondait pas à ce que certains membres de la communauté palestinienne vivant dans le même centre d'accueil qu'elle, se représentaient d'une femme. Ces derniers avaient fait pression sur son frère pour que celui-ci la ramène sur un chemin plus traditionnel. Cette pression quotidienne fit exploser P. déjà fragilisé par son histoire. Il avait fini par intérioriser la vision que les autres souhaitaient pour sa sœur, même si, comme nous le verrons plus loin, ce n'était pas celle qu'il avait ni ne souhaitait pour elle.

Quelque temps plus tard, F. a eu une relation avec un jeune homme d'origine palestinienne et cette relation a de nouveau mis à mal son image et la position de son frère. Cette union se concrétisait, ils se montraient donc de plus en plus ensemble, que ce soit sur les réseaux sociaux ou auprès de leurs familles respectives. L'époux promis au pays ainsi que sa famille avaient été mis au courant de cette liaison et avaient contacté le nouveau fiancé pour calomnier la jeune fille suite au mariage annulé. Sous pression, son nouveau fiancé avait rompu la relation. Bien que F. ait toujours été très fière jusqu'ici d'être une femme libre de ses choix, pour la première fois, elle nous dit se sentir déshonorée que son histoire soit connue de tous, humiliée et honteuse.

Ces deux épisodes de vie démontrent le danger d'un regard limitant et oppressant. Chacun avait intégré l'identité de F. voulue par d'autres et non ce qu'elle était vraiment. Nous avons dès lors trouvé intéressant d'inverser le processus, en ouvrant vers une autre définition de la jeune fille. Nous avons proposé à la famille de se rappeler de leur identité passée, de leurs valeurs, de leurs réalisations et de leur histoire. C'est ainsi que la famille nous avait révélées le combat de chacun pour fuir les injonctions qui les enfermaient dans des rôles prédéfinis. F. avait refusé un mariage forcé et avait dû en subir les conséquences violentes. Son frère ayant défendu son choix avait également eu de nombreuses représailles physiques au pays mais également sur le chemin d'exil. En Grèce, il avait dû être hospitalisé à la suite d'une nouvelle agression. Nous leur avons ainsi rappelé leur courage et le prix qu'ils avaient payé pour gagner leur liberté d'être qui ils voulaient être et de se définir selon leurs propres normes. Ce désir de garder cette liberté de choisir, F. l'avait mené jusqu'à l'acte ultime le jour où, refusant le statut de victime, elle avait tenté de mettre fin à ses jours. Selon ses dires, ce n'était pas par désespoir ou pour donner raison à ceux qui la menaçaient de mort, mais pour garder la maitrise de son destin... Cette remobilisation d'un passé oublié et pourtant résilient leur a permis de (re)trouver une meilleure définition d'eux-mêmes.

Il est donc important lors de nos interventions thérapeutiques, d'ouvrir notre regard sur l'autre, en ne le considérant pas uniquement comme victime mais également comme ayant des ressources (Ausloos, 1995). Pour reprendre Lecomte (2005), bien que nous ayons conscience des zones d'ombres de la personne, il est essentiel de s'intéresser aux zones de lumière, de croire aux potentialités de la personne, de l'aider à les découvrir et à les faire croitre. Et quand nos patient·e·s tentent de les oublier, c'est à nous, thérapeutes, de les leur rappeler.

2. Les femmes réfugiées... passives ?

« La victimisation ne donne pas d'armes pour se libérer », dit Sironi (1999, p.171).

En effet, l'identité de femme victime enferme la personne dans un sentiment d'impuissance et de fatalité qui l'amène à être dépendante d'une autre personne, prétendue bien plus savante qu'elle, pour être sauvée. Or, cette destruction de la capacité d'agir est une réelle atteinte à l'intégrité de soi, créant de profondes souffrances (Ricœur, 1996). En effet, ne plus avoir le sentiment d'être utile et efficace, ne plus croire en ses capacités, c'est ouvrir la voie de la dépression (Bandura, 1977).

Les femmes demandeuses d'asile ont tout au long de leur parcours d'exil et d'asile perdu leur pouvoir d'action : elles ont été forcées à quitter leur pays, quelquefois tributaires d'un destin qu'on avait imaginé pour elles (excision, mariage, enfants…). Cette érosion de leur capacité d'agir est accentuée lors de l'arrivée dans le pays d'accueil. Leur avenir est inextricablement lié à la procédure d'asile et leur mode de vie est dépendant du centre qui les accueille (choix des repas, de l'école, du modèle éducatif…). Elles ont peu de contrôle, sont souvent dépossédées et conduites à la passivité. Cela affecte tout autant leur identité, leur capacité d'action que leur santé mentale (Hajdukowski-Ahmed, 2008). De fait, moins on a de contrôle sur ce qui nous arrive, plus on est dépendant de l'autre, plus on risque de souffrir de stress et de dépression (Rotter, 1966).

Dès lors, Trépos (2015) propose le processus de « dé-victimisation » pour offrir aux femmes demandeuses d'asile non seulement la reconnaissance de leur souffrance mais aussi et surtout de leur capacité à agir sur leur vie.

Pour ce faire, le travail consistera à amener la personne à s'autodéterminer et à faire elle-même ses choix, lui permettant ainsi de retrouver une capacité d'agir. Dans ce dispositif thérapeutique, nous veillerons à sortir de la notion de « prise en charge » pour rendre la personne experte de son propre cas, compétente et autonome (Deutsch, 2015 ; Ausloos, 1995), en veillant à créer les conditions nécessaires au passage à l'action (Jouffray, 2015). Pour appuyer nos propos, nous partageons notre expérience avec Mme C.

Nous avons accueilli Mme C., d'origine guinéenne, accompagnée de son fils S. et de sa fille M. âgés respectivement de 7 et 3 ans. Mme avait fui son pays car elle craignait l'excision de sa fille. Elle-même mariée de force, excisée, analphabète, elle ne voulait pas que sa fille subisse le même sort. Mme était arrivée en Lybie où elle avait été réduite en esclavage durant quelques mois avant d'arriver à partir pour la Belgique. Le centre d'accueil où vivait la famille avait constaté que S. était très violent. Il partait régulièrement seul et revenait tard. Mme, pour montrer son autorité, le frappait régulièrement avec une ceinture.

En entretien, Mme a évoqué ses difficultés avec S. et son impuissance à se faire obéir. Les travailleur·se·s du centre lui ont expliqué qu'on ne frappait pas les enfants en Belgique mais elle ne trouvait pas d'autres solutions. C'est son mari qui imposait l'autorité au pays, ici elle ne savait pas comment faire. Par ailleurs, en Lybie, S. avait dû aller mendier tous les jours seul afin que la famille puisse avoir un peu argent. Entre culpabilité d'avoir dû faire endurer ses difficultés à son jeune fils et sentiment d'impuissance et d'incompétence d'être une mère en Belgique, Mme était perdue.

Nous avons alors réfléchi avec elle à sa demande, c'est-à-dire, ce qu'elle souhaitait mettre en place en priorité et comment elle souhaitait le faire. L'histoire de Mme nous laissait supposer qu'elle avait été « habituée » à ce qu'on choisisse pour elle. Elle a toujours été dépossédée de tout acte : son mariage, son excision... Le danger était de reproduire ces violences vécues en choisissant à nouveau pour elle ce que nous pensions être le meilleur.

La priorité de Mme a été très vite l'éducation de ses enfants et leur scolarité. À sa demande, nous avons organisé une visite de l'école afin qu'elle puisse avoir un feedback sur ses enfants. Nous lui avons également proposé d'accompagner ses enfants lors de l'étude organisée par le centre afin de veiller à leur scolarité. Mme étant analphabète, elle ne pensait pas pouvoir avoir de prise sur ce champ-là de la vie des enfants. Elle y est allée régulièrement et en a profité pour apprendre en même temps que son fils quelques notions de lecture. Ainsi, c'est au travers de petites actions quotidiennes que Mme a pu sortir du sentiment d'impuissance et retrouver un sentiment de compétence.

Enfin, en entretien, nous avons pu travailler le thème de l'éducation, celle qu'elle avait reçue et celle qu'elle voulait transmettre à ses enfants. Nous avons réfléchi ensemble, adapté des outils, fixé les objectifs qu'elle souhaitait, tout en veillant à ce que ceux-ci soient réalisables. L'intérêt était de ne pas la mettre en échec mais de lui permettre de reprendre confiance en ses capacités de mère. Elle a pu trouver son propre style parental (qui ne fut ni celui de ses parents, ni celui de son mari). S. s'est adapté très vite à ce nouveau style cadrant et rassurant et ses épisodes de violences ont disparu. Tout comme sa mère, il était plein de ressources qui ne demandaient qu'à être révélées.

Notre travail avec Mme C. lui a permis de (re)trouver en elle un pouvoir qu'elle n'avait jamais eu la possibilité d'exprimer. Rendre à la personne le pouvoir d'agir sur sa vie, c'est à la fois créer des conditions pour que la personne puisse le reprendre, mais aussi sortir de notre propre position d'expert·e·s pour aller vers une relation de collaboration (Andolfi, 2018). En d'autres termes, soutenir la résilience des femmes demandeuses d'asile, c'est proposer une relation d'équité à la fois humanisante et remobilisante.

3. Les femmes réfugiées... dominées ?

« Noircir les uns ou blanchir les autres ? » (Christine Delphy, 2008)

Nous disposons tou·te·s de représentations concernant les cultures auxquelles appartiennent les individus venant d'autres communautés. Cette catégorisation que l'on réalise (in)consciemment, nous conduit à considérer les groupes comme homogènes, ils seraient « tous les mêmes » et forcément « différents de nous ». On attribue dès lors des traits de personnalité, des croyances, des images, des attitudes à ces personnes (Moscovici, 1961 ; Olivius, 2015).

Lorsque l'on est confronté à un public migrant, on peut avoir tendance à accentuer ces traits en collant sur eux des idées préconçues. Les femmes étrangères sont ainsi souvent perçues comme ignorantes, soumises, sexuellement fermées, religieuses, vulnérables, tandis que les hommes étrangers seraient, quant à eux, peu fiables, dominateurs et oppressifs (Olivius, 2015). Roux *et al.* (2007) parlent d'attribution d'un sexisme extraordinaire aux étrangers. La domination des hommes et la soumission des femmes seraient ainsi des traits spécifiques aux étrangers. Or, utiliser le critère de la culture pour interpréter les interactions sociales peut nous détourner de la réelle difficulté et rendre nos interventions inadéquates et inefficaces (Licata & Heine, 2012).

Il faut ainsi veiller à rester ouvert et curieux, en se décentrant de nos propres stéréotypes culturels. L'autre n'est pas celui que j'imagine mais juste celui qu'il est (Guerraoui, 2011). Accepter la singularité de l'autre, c'est accueillir dans son entièreté ce que la personne apporte en entretien, évitant ainsi d'être occultées par des préjugés qui pourraient nous faire passer à côté de la réalité. Afin de soutenir notre argument, nous développons la situation d'un couple syrien rencontré durant nos interventions.

Nous avons été appelées par un centre d'accueil pour un couple d'origine syrienne. Il y aurait eu de la violence de M. sur Mme M. a demandé de l'aide car il ne comprenait plus l'attitude de sa femme. Au vu du risque d'escalade, nous avons fait une équipe mobile et sommes arrivées au domicile du couple.

Mme était assise sur le fauteuil, en habits traditionnels. Son mari était assis sur une chaise. Très vite, M. nous a raconté que Mme aurait subi des attouchements par K., un habitant du centre, dans le salon de coiffure. C'est un résident qui lui aurait rapporté cela. M. avait tenté à plusieurs reprises de savoir ce qui s'était passé mais Mme fuyait ses questions et ne répondait pas. Il ne savait plus quoi faire ni comment le faire.

Nous avons tenté à notre tour d'interpeller Mme qui ne désirait pas répondre. Nous avons, alors, laissé poursuivre le mari. Il nous a décrit Mme comme naïve et fragile. Il nous a relaté également que d'autres résidents lui avaient dit avoir vu le présumé agresseur K. à de nombreuses reprises chez lui, alors qu'il n'était pas là. M. avait alors prévenu Mme des dangers et de l'ambiguïté de la situation. Cependant, Mme avait continué à voir K. La dispute avait éclaté lorsque M., voulant faire justice lui-même contre K, avait appris que Mme avait averti K. de ses intentions. Furieux, M. avait consulté le téléphone de Mme et avait constaté les nombreux échanges. M.

avait émis une seule hypothèse : sa femme serait trop naïve et aurait subi l'emprise de cet homme. À aucun moment, M. n'avait imaginé que Mme aurait pu entretenir un autre rôle dans cette histoire.

En tant qu'intervenantes, nous nous sommes d'abord laissées prendre par une vision stéréotypée de l'homme étranger dominant et de la femme étrangère victime. Mais au cours du récit, d'autres hypothèses ont rapidement émergé, notamment celle inattendue, de l'amant et de la maitresse surpris lors d'une rencontre amoureuse… Cependant, afin d'éclaircir l'histoire et d'être sûres de la meilleure hypothèse, un suivi individuel a été proposé au mari et à la femme.

L'histoire de ce couple met en avant l'importance de rester curieux et ouvert et de ne pas se limiter à des représentations culturelles et de genre préconçues qui ne prennent pas en compte la complexité de la réalité. Même sensibilisées aux risques des représentations, il nous arrive encore de nous faire surprendre devant la pluralité des problématiques. Il est dès lors essentiel de garder une certaine humilité, de pouvoir prendre la personne dans son individualité et de se laisser dérouter par ce qu'elle a à nous apprendre. Pour reprendre les mots d'Auloos (2016), « faire une thérapie n'est pas résoudre des problèmes ou corriger des erreurs mais se plonger dans le mystère de l'autre et de la rencontre. »

Conclusion

À travers ce chapitre, nous avons voulu partager notre expérience, nos échanges et nos apprentissages issus de nos interventions thérapeutiques avec les femmes demandeuses d'asile. Ces rencontres, riches et humaines, sont d'une importance cruciale dans leur processus de résilience. La reconnaissance de leurs souffrances, de leur valeur humaine et de leurs compétences est un préalable nécessaire à toute intervention.

En effet, ces femmes ont fait le douloureux et courageux choix de fuir leur pays, en surmontant les nombreux obstacles dressés sur leur chemin. Certaines femmes n'ont pas eu le droit, dans leur pays d'origine, d'exister pour ce qu'elles étaient et de laisser libre cours à leurs potentialités. Ainsi, la posture thérapeutique de tout intervenant consistera à leur (re)donner la possibilité d'être ce qu'elles sont, en mettant en lumière leurs compétences et leur libre-choix.

À travers notre clinique, les femmes demandeuses d'asile nous ont plus d'une fois marquées par leur force, leur capacité d'action et leur créativité dans des situations compliquées. Loin des représentations stéréotypées de femmes victimes, passives et soumises, ces femmes ont pu trouver le pouvoir nécessaire pour résister, réclamer leur identité et exister (Hajdukowski-Ahmed, 2008). À nous de veiller à ne pas leur ôter ce pouvoir mais à le redorer.

Références

- Andolfi, M. (2018). *La thérapie familiale multigénérationnelle.* Louvain-la-Neuve, De Boeck Supérieur.
- Ausloos, G. (1995). *La compétence des familles*, Temps, chaos, processus. Toulouse, Érès.
- Bandura, A. (1977). « Self-efficacy: Toward a unifying theory of behavioral change ». *Psychological Review, 84*(2) : 191-215.
- Delage, M. (2008). *La Résilience familiale.* Paris, Odile Jacob.
- de Beauvoir, S. (1986). *Le Deuxième Sexe, tome 1 : Les faits et les mythes.* Paris, Gallimard.
- Delphy, C. (2008). « Antisexisme ou antiracisme ? Un faux dilemme ». Dans Delphy, C. (dirs), *Classer, dominer : Qui sont les « autres »* ? Paris, La Fabrique : 174-216.
- Despentes, V. (2006). *King Kong théorie.* Paris, Grasset.
- Deutsch, C. (2015). « L'empowerment en santé mentale ». *Sciences & Actions Sociales,* 1 : 15-30.

- Erikson, E.H. (1972). *Adolescence et crise : la quête de l'identité*. Paris : Flammarion.
- Guerraoui, Z. (2011). « Prise en charge de sujets en situation interculturelle : Cinq conditions pour éviter la dérive culturaliste ». *Le Journal des psychologues*, 290 : 18-21.
- Hajdukowsky-Ahmed, M. (2008). « A dialogical approach to identity. Implications for refugee women ». In Hajdukowsky-Ahmed, M., Khanlou, N. et Moussa, H. (dirs) *Not Born a Refugee Woman : Contesting Identities, Rethinking Practices*. New York and Oxford : Berghahn Books : 28-55.
- Jouffray, C. (2015). « Passer des discours sur le pouvoir d'agir au pouvoir d'agir en action : une condition pour transformer les pratiques et les logiques à l'œuvrée ». *Sciences & Actions Sociales*, 2 : 24-32.
- Lecomte, J. (2005). « Les caractéristiques des tuteurs de résilience ». *Recherche en soins infirmiers*, 82 : 22-25.
- Licata, L., & Heine, A. (2012). *Introduction à la psychologie interculturelle*. Bruxelles, de Boeck.
- Moscovici, S. (1961). *La Psychanalyse son image et son public*. Paris, Presses universitaires de France.
- Nederlandstalige Vrouwenraad, (2010). « Asile et migration : l'accueil des femmes dans les centres. Vers une politique d'accueil sensible au genre ». https://igvm-iefh.belgium.be/sites/default/files/downloads.
- Neuburger, R. (2012). *Exister. Le plus intime et fragile des sentiments*. Paris, Payot.
- Olivius, E. (2015). « Constructing Humanitarian Selves and Refugee Others ». *International Feminist Journal of Politics*, 18(2) : 270-290.
- Ricœur, P. (1996). *Soi-même comme un autre*. Paris, Seuil.
- Roisin, J. (2017). *De la survivance à la vie. Essai sur le traumatisme psychique et sa guérison*. Paris, Presses universitaires de France.
- Rotter, J. B. (1966). « Generalized expectancies for internal versus external control of reinforcement ». *Psychological Monographs: General and Applied, 80*(1) : 1-28.

- Roux, P., Gianettoni, L. & Perrin, C. (2007). « L'instrumentalisation du genre : une nouvelle forme de racisme et de sexisme ». *Nouvelles Questions Féministes*, 26 : 92-108.
- Shepherd, L. J. (2008). *Gender, Violence and Security: Discourse as Practice*. London, Zed Books.
- Sironi, F. (1999). *Bourreaux et victimes. Psychologie de la torture*. Paris, Odile Jacob.
- Trépos, J. (2015). « L'empowerment, entre puissance et impuissances : Le cas des violences conjugales et intrafamiliales ». *Sciences & Actions Sociales*, 2 : 33-58.

PARTIE II

Violences conjugales et basées sur l'honneur : intervention féministe intersectionnelle auprès des femmes migrantes

Les violences basées sur l'honneur des femmes issues de l'immigration : Dépistage et intervention féministe intersectionnelle dans les maisons d'hébergement du Québec

Estibaliz Jimenez
Professeure à l'Université du Québec à Trois-Rivières (UQTR)

Introduction

En 2009, est survenue la tristement célèbre « affaire Shafia » où quatre femmes d'origine afghane, dont trois adolescentes, ont été trouvées mortes noyées dans une voiture. Les deux parents et le frère des victimes ont été reconnus coupables *de* meurtres prémédités liés aux « crimes d'honneur », motivés en raison que selon leur regard les victimes auraient, par leurs comportements, « déshonoré » la famille qui, à son tour, devait rétablir l'« honneur perdu ». Le tout amena au Canada, et au Québec, une conscientisation sociale et politique sur la réalité des violences basées sur l'honneur (VBH) et suscita des débats polarisés sur les valeurs canadiennes, l'intégration des immigrants et la protection et la prévention des femmes et des jeunes filles susceptibles d'être victimes de VBH. C'est dans ce contexte que la recherche « Comprendre les pratiques d'intervention interculturelle auprès des femmes et des filles en contexte de violences basées sur l'honneur au Québec[1] » a vu le jour. Elle vise à dresser le portrait des situations de VBH donnant lieu à une prise en charge de femmes et de jeunes filles et de comprendre comment mieux répondre à leurs besoins. Dans ce chapitre, dans le but d'identifier les difficultés et les défis liés à l'intervention auprès d'une clientèle issue de l'immigration en contexte de VBH, nous présentons la perception et le vécu des gestionnaires et intervenantes travaillant dans des maisons membres de la Fédération des maisons d'hébergement pour femmes (FMHF) du Québec[2] qui accueillent des femmes violentées vivant de multiples problématiques sociales, y compris les VBH. Le tout sera analysé sous un cadre d'intervention féministe intersectionnelle (IFI), qui tient compte des intersections entre les différentes composantes identitaires des victimes de VBH, notamment le genre et

---

[1] La recherche à l'origine de ce chapitre a été financée par le Conseil de recherches en sciences humaines du Canada (CRSH), le Fonds québécois de la recherche sur la société et la culture (FQRSC) et le Fonds institutionnel de recherche de l'Université du Québec à Trois-Rivières (FIR-UQTR). Lorsque la recherche sur les VBH a eu lieu dans les maisons d'hébergements membres de la FMHF, l'équipe de recherche était composée par les professeures et chercheures suivantes : Marie-Marthe Cousineau, Ghayda Hassan, Lilyane Rachédi, Jo-Anne Wemmers et Michèle Vatz-Laaroussi. Ainsi que par les étudiantes : Joëlle Arcand, Ève Marie Tanguay, Julia Wahba et Adélaïde Tanguay.
[2] L'équipe de recherche tient à remercier la FMHF, ainsi que les directrices et les intervenantes des maisons membres participantes. Nous soulignons l'aide précieuse obtenue dans la coordination de la recherche sur le terrain de Marie-Hélène Senay, coordonnatrice de communication et analyse à la FMHF.

l'origine ethnoculturelle, et les différentes formes d'oppression qui existent dans le pays d'accueil.

Afin de comprendre la problématique, ce chapitre commence par présenter la revue doctrinale autour de la notion, les caractéristiques et les conséquences de violences basées sur l'honneur (VBH). Après, le cadre théorique féministe intersectionnel adopté ainsi que la méthodologie employée seront présentés. Les résultats seront ensuite développés à partir de l'analyse de sources de données diversifiées puisées auprès des intervenantes et directrices des maisons membres de la Fédération des maisons d'hébergement pour femmes. Il s'agit ainsi de mieux comprendre et reconnaitre les VBH à partir de la perception et de l'expérience des intervenantes et gestionnaires qui œuvrent directement auprès des femmes qui en sont victimes ou à risque de l'être.

1. Les violences basées sur l'honneur : Une violence intrafamiliale spécifique

Avant l'« affaire Shafia », les violences basées sur l'honneur (VBH) étaient une problématique peu visible et aucun organisme ne travaillait officiellement sur la question. De plus, il était encore extrêmement difficile d'aborder ce type de violence car, d'une part, la terminologie n'était pas claire et, d'autre part, le sujet suscitait beaucoup de résistance tant au sein du milieu de l'intervention, qu'auprès des communautés immigrantes, en raison du risque de stigmatisation. Depuis, au Québec, grâce aux différents travaux de recherche, de sensibilisation, de formation, de concertation et de partenariat, les chercheur·se·s ainsi que les organismes communautaires et institutionnels québécois arrivent à mieux identifier, comprendre et différencier les réalités particulières de ce type de violence intrafamiliale, dont ses caractéristiques spécifiques (Conseil du statut de la femme [CSF], 2013 ; Table de concertation des organismes au service des personnes réfugiées et immigrantes [TCRI], 2014 ;

Bouclier d'Athéna Services Familiaux, 2015 ; Harper *et al.*, 2014 ; Jimenez et Cousineau, 2014 ; 2016a ; 2016b ; Jimenez *et al.*, 2017 ; Jimenez *et al.*, 2019 ; Jimenez, 2022) : 1- la violence est planifiée ; 2- le mobile est que l'on considère que la femme a déshonoré ou peut déshonorer la famille, notamment en raison de ses comportements sociaux et sexuels, et il faut protéger et/ou rétablir l'honneur perdu ; 3- la violence est utilisée pour contrôler le comportement social ou sexuel d'une personne afin que celle-ci se conforme aux normes, aux valeurs et aux pratiques liées aux traditions ou coutumes d'un groupe ; 4- la violence est également utilisée en guise de sanction ou de correction du fait d'un comportement jugé ou perçu inapproprié ; 5- l'exécution du crime implique plusieurs membres de la famille, y compris les parents, les sœurs, les frères, les cousins, les oncles, les grands-parents, etc. ; 6- la famille élargie, dont celle qui demeure encore au pays d'origine, ainsi que la communauté font pression sur la famille directe pour que l'honneur soit sauvegardé ; 7- les agresseurs ne montrent pas de remords, ils se considèrent victimes du comportement de la femme et leur acte sert à protéger l'honneur de la famille.

Toujours selon la revue doctrinale (CSF, 2013 ; TCRI, 2014 ; Harper *et al.*, 2014 ; Jimenez et Cousineau, 2016 ; 2017 ; Jimenez, Tanguay, Arcand et Cousineau, 2019 ; Jimenez, 2022), les VBH comprennent un vaste continuum des violences spécifiques qui les différencient des autres violences intrafamiliales, telles que la violence conjugale. Entre autres : les mutilations génitales féminines (MGF), l'imposition du test de virginité et l'hyménoplastie, le mariage forcé et précoce, le mariage polygame, l'enlèvement et le renvoi de force dans le pays d'origine, tout comme différentes formes de blessures psychologiques, notamment le contrôle coercitif afin de prévenir le « déshonneur », et physique pouvant connaitre une issue fatale comme le féminicide ou le « crime d'honneur ».

Les recensions des écrits sont également unanimes en ce qui concerne les conséquences pour les victimes des VBH. En effet, celles-ci sont multiples et sévères. En raison du contrôle excessif des femmes de la part de la famille et de la communauté, les victimes peuvent se trouver plongées dans un état d'isolement, de stigmatisation et parfois même d'ostracisme susceptible de les mener jusqu'au suicide (Meetoo et Mirza, 2007 ; Talbani et Hasanali, 2000). Des préjudices sur les plans du développement et de la santé peuvent aussi être vécus par les victimes. Les situations d'abus et d'exploitation physiques, sexuels et psychologiques dont elles sont l'objet peuvent conduire, entre autres, à des troubles sévères du sommeil, de l'alimentation et du comportement. Ces situations affectent leur estime d'elles-mêmes et augmentent les risques qu'elles développent des troubles psychologiques tels que la dépression et l'anxiété (Humphreys, 2007). De plus, lorsque la femme est isolée, notamment dans un contexte de contrôle excessif, puisque les agresseurs sont la famille et la communauté d'origine et que celles-ci sont souvent le seul repère des victimes, la réadaptation et la réinsertion dans ces conditions sont extrêmement difficiles et compliquées (Jimenez, 2022).

2. Les violences basées sur l'honneur : des violences genrées

Si les personnes, notamment celles qui ne sont pas complètement hétérosexuelles ou cisgenres, peuvent aussi en être victimes, il est reconnu que les VBH sont exercées essentiellement contre les femmes et les filles. Nombre de chercheuses et d'organismes travaillant auprès des victimes considèrent que les VBH, normalement exercées par les hommes sur les femmes pour la simple raison qu'elles sont des femmes, représentent une forme de violence fondée sur le sexe (Araji, 2000 ; Epstein, 2010 ; CSF, 2013 ; Korteweg, 2012 ; Mojab, 2012). Les VBH sont basées sur des inégalités entre les hommes et les femmes faisant en sorte que les filles et les femmes sont victimes de rapports de domination et de contrôle au sein de leur famille et de leur communauté. Ainsi, tel que déjà écrit dans une publication préalable (Jimenez et Cousineau, 2016), cette « culture de l'honneur » est alors comprise comme un système de croyances où la femme, son corps et ses capacités reproductrices concernent non seulement la famille, mais l'ensemble de la communauté (Schlytter et Linell, 2010 ; Arin, 2001). Les familles et les communautés qui pratiquent et légitiment les VBH conçoivent que la femme, par sa chasteté et sa virginité (Mojab, 2012), assure, d'une part, la protection du lignage de l'homme et, d'autre part, le statut économique de la famille. Ainsi, une femme vierge de bonne réputation possèderait une valeur considérable dans certaines communautés et familles ayant des traditions et mentalités patriarcales. L'honneur, ou le statut socioéconomique de la famille, reposent dans ce cas sur la réputation et les comportements sexuels des femmes et des filles qui en font partie (Korteweg, 2012 ; Mojab 2012). Il devient alors impératif pour les membres de la famille de contrôler étroitement les comportements sociaux, amoureux et sexuels des femmes et de veiller à proscrire tout ce qui pourrait entacher la réputation de celles-ci aux yeux de la communauté. C'est donc fondamental, en termes de recherche et d'intervention, de tenir compte de l'intersection des enjeux de genre et ethnoculturels qui caractérisent les expériences des pratiques de domination envers les femmes pouvant devenir des VBH dans les pays de destination.

3. Le contexte migratoire des femmes victimes et de leurs familles : un indicateur de risque et de vulnérabilité des VBH

Bien que les VBH ne soient pas exclusives à une culture ou à une religion, elles sont toutefois une conséquence d'une culture patriarcale. Actuellement, au Canada, selon la recension des écrits, les statistiques judiciaires et la corroboration de nos résultats de recherche, cette réalité touche principalement les filles et les femmes de familles issues de l'immigration (Jimenez, Tanguay, Arcand, &

Cousineau, 2019 ; Jimenez, Arcand, Cousineau & Dessureault, 2019).

De plus, on associe souvent les « crimes d'honneur » à des « pratiques barbares » venant d'ailleurs. Au Canada, la Loi sur la tolérance zéro face aux pratiques culturelles barbares adoptée en 2015 vise à protéger les femmes et les filles des violences. Le terme « pratiques culturelles barbares » réfère à des pratiques jugées « contraires aux valeurs canadiennes », ce qui comprend toutes les formes de violences familiales fondées sur le sexe, notamment les mariages précoces, forcés, polygames, ainsi que toute forme de violence liée à « l'honneur » (Jimenez, 2022). La loi vise incontestablement la population immigrante voulant entrer au pays ou qui y séjourne déjà. Si plusieurs des amendements sont positifs, car ils peuvent aider les femmes et les filles, le choix terminologique « pratiques culturelles barbares » renforce les préjugés culturels, en plus de s'avérer raciste et discriminatoire envers certaines communautés ethnoculturelles. De plus, contrairement à l'objectif de la loi, il peut en résulter des effets néfastes pour la protection des victimes, car les victimes des VBH pourraient être moins portées à dénoncer du fait qu'au pays d'accueil, on considère qu'elles proviennent d'une communauté culturelle considérée « barbare ». Le tout illustre comment l'intersection entre le genre et l'origine ethnoculturelle peut être non seulement la source de victimisations des femmes immigrantes en contexte de VBH, mais également de victimisations secondaires.

4. La Fédération des maisons d'hébergement pour femmes (FMHF) : un partenaire clé de recherche

Dans le but d'en arriver à une compréhension approfondie des défis d'intervention féministe intersectionnelle auprès des femmes immigrantes victimes de VBH, une collecte de données a été réalisée auprès de la Fédération des maisons d'hébergement pour femmes du Québec (ci-après, FMHF). Plus spécifiquement, nous visions d'abord à explorer la compréhension des intervenantes sur la problématique. Et ensuite, à identifier, à partir de leur point de vue, leurs pratiques, les difficultés et les défis liés à l'intervention auprès d'une clientèle issue de l'immigration en contexte de VBH.

Ce chapitre présente l'analyse féministe intersectionnelle des données recueillies d'abord par questionnaire, puis par des entretiens de groupe adressés aux directrices et intervenantes des maisons membres de la FMHF[3]. Les deux méthodes de collecte de données s'avèrent complémentaires. Si l'objectif du questionnaire est de documenter sommairement la problématique du dépistage des VBH et l'intervention auprès des femmes immigrantes victimes au sein des différentes maisons de la FMHF, les entretiens de groupe visent à aller plus en profondeur sur les différents résultats préliminaires ressortis initialement dans les questionnaires. Les perceptions des participantes sont donc présentées ici conjointement.

Dans une perspective féministe de lutte contre les violences faites aux femmes, la FMHF[4] soutient et représente des maisons d'hébergement dans un but de promotion et de défense des droits des femmes. Les maisons d'hébergement membres de la Fédération accueillent des femmes violentées vivant de multiples difficultés et problématiques sociales au Québec, telles que la violence conjugale et familiale, la traite, les agressions et l'exploitation sexuelle, les violences basées sur l'honneur, les mutilations génitales féminines, les mariages forcés, les avortements forcés, les grossesses forcées et les tentatives ou menaces de meurtres. Elles offrent, 24 hures sur 24 et 365 jours par année, des services gratuits[5] : hébergement sécuritaire ; écoute téléphonique ; information et référence ; soutien (situations de crise, services individuels et de groupes, services spécifiques pour les enfants, réinsertion sociale, etc.) ; et accompa-

---

[3] Les répondantes appartiennent à des maisons membres de la FMHF réparties dans différentes régions et villes du Québec, soit à Montréal, Lanaudière, en Montérégie, à Québec et au Saguenay.
[4] Voir le site suivant : http://www.fede.qc.ca/
[5] Voir le site suivant : https://www.fmhf.ca/maisons-membres

gnement (démarches socio-judiciaires, médicales, administratives, d'immigration, etc.). La FMHF représente 36 maisons d'hébergement au Québec qui hébergent chaque année près de 3000 femmes et leurs 1500 enfants. Elles soutiennent, via leurs services externes, plus de 5000 femmes et enfants. La FMHF représente également près de 150 unités de deuxième étape dans une quinzaine de ressources, qui accueillent les femmes et leurs enfants pour des séjours plus longs.

Forte de l'expérience terrain de ses maisons membres, ainsi que de ses 30 ans de pratique, la FMHF est à même de constater le continuum des violences vécues par les femmes pour la simple raison qu'elles sont des femmes. Dans sa mission, l'ensemble s'articule autour des objectifs suivants : soutenir et respecter les femmes dans leurs démarches ; faire alliance avec les femmes et établir un lien de confiance ; favoriser l'autonomisation des femmes ou la reprise de pouvoir sur leur vie ; travailler à la conscientisation des femmes en prenant en compte la pluralité et la complexité des expériences d'oppression ; favoriser des rapports égalitaires ; briser l'isolement des femmes et développer leur solidarité ; et lutter pour un changement individuel et social.

Dans cette logique, la FMHF adhère au cadre de référence idéologique féministe qui reconnait que les violences faites aux femmes traduisent des rapports de force et de pouvoir inégaux entre hommes et femmes qui contribuent à la domination des hommes sur les femmes[6]. Ainsi, l'adoption de l'intervention féministe telle que définie par Corbeil et Marchand (2010), repose sur des valeurs d'égalité, de justice sociale et de solidarité se traduisant dans l'intervention par la reconnaissance du potentiel des femmes, la reprise du pouvoir sur leur vie et l'instauration de rapports égalitaires entre l'aidante et l'aidée. L'approche intersectionnelle (Collins, 1990 ; Crenshaw, 1989 ; Bilge, 2009) vise pour sa part, en complémentarité à l'intervention féministe, à établir des interfaces entre toutes les

---

[6] Voir le site suivant : https://www.fmhf.ca/cadre-reference

formes d'oppression (comme le racisme et le sexisme), à développer des stratégies inclusives et à incorporer la réalité des groupes qui ont été, et demeurent encore, marginalisés ou minorisés (comme les migrantes et les femmes racialisées) (Marchand *et al.*, 2020).

C'est dans ce contexte qu'est né au sein de la FMHF le projet Collaborer pour mieux intervenir : créer des ponts et outiller les milieux pour accompagner les femmes violentées vivant de multiples problématiques sociales. D'une durée de trois ans, ce projet avait notamment pour objectif d'appuyer l'intégration de l'intervention féministe intersectionnelle (IFI) dans les maisons d'hébergement membres de la FMHF et de favoriser les échanges et les collaborations avec différents partenaires dans le but de mieux répondre aux besoins et aux réalités des femmes. Selon la FMHF, l'IFI se déploie principalement autour de trois intersections : 1- Intersection des savoirs (Alliance). Se réfère à l'alliance et au rapport égalitaire entre les femmes et les intervenantes où les savoirs expérientiels, pratiques, militants et académiques sont mobilisés dans l'accompagnement. 2- Intersection des systèmes d'oppression (positionnement des femmes). Se réfère au positionnement des femmes, comme opprimées ou privilégiées, dans les différents systèmes d'oppression soit le patriarcat, l'hétérosexisme et le cisgenrisme, le capitalisme/classisme, l'âgisme, le capacitisme, le racisme et le colonialisme. 3- Intersection des niveaux d'analyse (continuum des violences). Se réfère au continuum des violences faites aux femmes qui présente les représentations sociales comme étant le résultat des systèmes d'oppression, qui viennent à leur tour produire les violences institutionnelles (à travers les politiques, les programmes sociaux et les pratiques) et les violences interpersonnelles. Ces violences interpersonnelles et institutionnelles viennent à leur tour renforcer les représentations sociales et les systèmes d'oppression[7] (Flynn *et al.*, 2019).

---

[7] Voir le site : https://www.fmhf.ca/sites/default/files/upload/guide_ifi_-_partenaires.pdf

Plus concrètement, en contexte de VBH où les enjeux de genre, migratoires et ethnoculturels sont interconnectés et en respectant le cadre d'analyse féministe intersectionnel, la FMHF propose, entre autres : d'examiner le rôle de certaines composantes identitaires (le sexe, l'origine ethnique, les handicaps, la religion, etc.) ainsi que les effets subséquents occasionnés par les positions sociales, telles que le statut socioéconomique ; d'explorer l'influence que cette configuration singulière et complexe exerce sur l'identité personnelle et sociale des femmes ; de viser à ce que toutes les femmes aient accès à l'égalité ; et de s'assurer de s'attaquer à l'ensemble des discriminations et des obstacles auxquels elles sont confrontés.

Dans son travail de relation d'aide, la FMHF doit composer de plus en plus avec une clientèle multiethnique. En 2014, son rapport Adaptation de l'intervention et des services aux réalités et besoins des femmes immigrantes, des femmes issues des communautés ethnoculturelles et de leurs enfants souligne une constante augmentation des femmes immigrantes dans les maisons membres de la FMHF[8] : 13 % (2006-2007) ; 16 % (2008-2009) ; 18 % (2010-2011) ; 19,5 % (2012-2013). Plus précisément, en 2013-2014, les maisons de la FMHF ont reçu un total de 3007 femmes, dont 21,58 % (soit 651 femmes) en provenance d'un autre pays. Les pays d'origine des femmes sont les suivants : Maroc (72 femmes : 11,05 % des femmes immigrantes), Haïti (68 femmes soit 10,44 %), l'Algérie (32 femmes soit 4,9 %), la France (28 femmes soit 4,3 %) et la Roumanie (22 femmes soit 3,4 %). Les statuts d'immigration des femmes hébergées varient : 37,5 % des femmes immigrantes sont citoyennes canadiennes ; 31 % d'immigrantes reçues ; 12 % parrainées ou en attente de parrainage ; 3 % de réfugiées ou en cours de demande d'asile et près de 17 % étaient sans statut au Canada.

---

[8] Rapport annuel du projet *Adaptation de l'intervention et des services aux réalités et besoins des femmes immigrantes, des femmes issues des communautés ethnoculturelles et des enfants de ces femmes* (2014).

Concernant les VBH, pour la FMHF elles s'inscrivent résolument dans le vaste continuum des violences envers les femmes. Un important travail est réalisé en ce sens, que ce soit au sein des différents travaux de recherche, de sensibilisation, de formation, de concertation et de partenariat que réalise la FMHF. Dans cette logique, il était donc pertinent pour la FMHF de jouer un rôle moteur au sein du Comité de suivi multiorganismes sur les VBH qui réunissait des représentants d'une vingtaine d'organisations communautaires et institutionnelles et des chercheur·se·s indépendant·e·s[9]. Les membres du comité ont profité de cet espace pour partager et développer des outils d'analyse et d'intervention concernant la problématique des VBH. Les objectifs du comité étaient de : développer une meilleure connaissance de la problématique, d'éviter les dédoublements de services et de recherche, de développer une meilleure concertation entre tous les acteur·rice·s et de favoriser le partage des expériences pour maximiser l'expertise, l'efficacité et la qualité du continuum de services offerts aux victimes des VBH.

---

[9] Le Comité multiorganismes sur les VBH créé en 2016 est composé de membres issus de divers milieux. Du milieu communautaire : Le Bouclier d'Athéna Services familiaux (Bouclier d'Athéna), la Table de concertation des organismes au service des personnes réfugiées et immigrantes (TCRI), le Centre social d'aide aux immigrants (CSAI), l'Association québécoise plaidoyer-victimes (AQPV), la Fédération des maisons d'hébergement pour femmes, la Table de concertation en violence conjugale de Montréal, Femmes du monde à Côte-des-Neiges, Promis ; du milieu institutionnel : le Centre intégré universitaire de santé et de services sociaux (CIUSSS) du Centre-Sud-de-l'île-de-Montréal, la Direction de la protection de la jeunesse (DPJ), le Service de police de la ville de Montréal (SPVM) ; du milieu scolaire : le Cégep Rosemont et du milieu de la recherche : le Département de psychoéducation de l'Université du Québec à Trois-Rivières (UQTR) et l'École de criminologie de l'Université de Montréal (UdeM) et deux chercheuses indépendantes.

5. Perceptions et vécus des intervenantes à l'égard des VBH

Les questionnaires et les entretiens de groupe réalisés auprès des directrices et des intervenantes de la FMHF étaient axés sur différentes thématiques. Tout d'abord, sur leur reconnaissance théorique de la problématique, de la définition et des manifestations de la notion de VBH. Ensuite, sur leur capacité réelle d'évaluation du phénomène sur le terrain. Finalement, sur les défis et enjeux d'intervention auprès des victimes de VBH du fait que l'intersection des facteurs de genre et ethnoculturels place les femmes immigrantes comme particulièrement vulnérables aux discriminations et victimisations multiples dans la société d'accueil.

5.1 Reconnaissance de la problématique : entrecroisement des facteurs de genre, migratoires et ethnoculturels

Vu que la VBH s'avère une problématique encore insuffisamment connue, peu visible et sans définition juridique, nous avons voulu connaitre la compréhension et les connaissances des participantes à cet égard. Lorsqu'il a été demandé de définir le concept de VBH, les répondantes ont, pour la grande majorité, corroboré l'ensemble des caractéristiques doctrinales présentées plus haut en les reliant souvent aux violences intrafamiliales. Ainsi, pour les répondantes, une victime de VBH est majoritairement une fille ou une femme qui subit différentes formes de violence de la part de sa famille immédiate, mais aussi de la part du conjoint, de la famille élargie, de la belle-famille, même de la famille restée dans le pays d'origine, et de la communauté.

> Elles peuvent vivre aussi des violences basées sur l'honneur de la part de la famille du conjoint, ce qui fait qu'elles se retrouvent dans un système excessivement difficile. Et elles peuvent aussi se retrouver violentées par leurs propres frères, leurs propres oncles, la communauté même, la famille, les prêtres, les… tout ce qui

est religieux… Elles peuvent se retrouver dans un système réellement assez grand.

Selon les répondantes, la perception des auteur·rice·s de VBH est que la victime a causé un préjudice qui porte atteinte à l'honneur ou à la réputation de la famille, en regard des normes, valeurs, principes et traditions de la communauté culturelle, religieuse ou spirituelle. De ce fait, la VBH viserait à : l'obliger à se conformer à des normes prescrites ; punir la victime ; réparer le préjudice et rétablir la réputation/l'honneur ; et prévenir la commission de futurs actes pouvant de nouveau porter préjudice à l'honneur de la famille.

> La spécificité des VBH semble, selon notre expérience, trouver sa source dans la honte que les familles vivent par rapport au non-respect de leurs principes et de leurs valeurs fondamentales.

> Une femme qui est victime d'une ou plusieurs formes de violence en lien avec des croyances de sa culture d'origine ou celle de son conjoint. Cette femme est considérée comme ayant trahi la totalité des gens de sa culture et elle doit payer pour ce qu'elle a fait.

Le critère de pression sociale est également présent dans la majorité des propos rapportés. Les familles qui exercent la VBH agissent pour préserver leur image au sein de la communauté, dans une logique de conformité sociale. Par le fait même, l'acte (la VBH) visant à punir la victime « porteuse du déshonneur » reçoit alors une forme de légitimité et est cautionné par la communauté.

> Qu'il s'agisse de mépris, d'insultes, de cris, de coups […], la victime subit ces conséquences que la famille considère comme légitimes pour rétablir l'honneur familial.

Conformément à la doctrine, selon les directrices et intervenantes des maisons, la VBH peut se traduire par différentes manifestations. La plus grande partie des répondantes énumèrent plusieurs formes de violence, tant physique que psychologique, sexuelle, économique, que religieuse/spirituelle. Mais, les violences sont surtout sociales. Elles constituent une atteinte aux droits de la victime, mais la plupart des répondantes évoquent surtout la notion de contrôle généralisé, soit excessif, sur la victime.

> La violence sociale est excessivement grande, excessivement grande. Le contrôle du réseau, le contrôle de la famille, le contrôle de à qui je peux parler, à qui je peux me confier. L'isolement, la séquestration, même.
>
> La victime de la violence basée sur l'honneur est sous le contrôle excessif de l'homme, le contrôle de sa vie, de son corps et de sa sexualité.
>
> Ce qui est particulier et vraiment caractéristique des violences basées sur l'honneur, c'est que ce sont des femmes qui s'inscrivent dans un continuum de la violence, mais il y a un aspect qui est excessivement particulier, qui est celui de la sécurité. Parce qu'elles ont un aspect vraiment plus dangereux au niveau de la sécurité, parce qu'elles se retrouvent à être en danger vis-à-vis des gens qui sont supposés représenter la paix, la famille. Donc, l'aspect sécurité est excessivement important dans ce genre de problématique.

5.2. Dépistage des VBH sur le terrain

Autre que la reconnaissance théorique de la problématique, nous voulions savoir si, dans la pratique, les directrices et les intervenantes des maisons d'hébergement se sentaient capables de reconnaitre une femme victime de VBH. Les participantes reconnaissent que sur le terrain, une femme victime de VBH et une femme victime de violence conjugale peuvent être confondues, ou du moins, les victimisations sont souvent interreliées.

> Effectivement, ce n'est pas l'un ou l'autre. Avec les femmes qui viennent, c'est de la violence conjugale et ça peut être de la violence basée sur l'honneur aussi... Il y a celles qui ont un conjoint, donc là, c'est imbriqué, violence conjugale et violences basées sur l'honneur.

Alors, sous un cadre féministe intersectionnel, et sans vouloir généraliser et considérer toutes les femmes immigrantes victimes de VBH comme étant un groupe homogène, les répondantes énumèrent un certain nombre de signes pouvant aider à dépister la VBH et, entre autres, la différencier de la violence conjugale. En conformité avec la revue doctrinale, les propos rapportés par les participantes concernant les VBH font ressortir un rapport de pouvoir et des inégalités de genre empreints d'une forte culture patriarcale. En effet, les répondantes évoquent le rôle traditionnel féminin auquel doivent se conformer les victimes de VBH et soulignent les distinctions de genre qu'il peut y avoir dans l'exercice de leurs droits individuels et des libertés accordées, contrairement à leurs homologues masculins. Les coutumes et les valeurs familiales très présentes deviennent un frein contraignant pour l'émancipation de la femme dans le pays d'accueil. Ces valeurs étant partagées par l'ensemble de la communauté, la pression sociale dans laquelle se trouve plongée la victime rend très difficile la dénonciation de la VBH. Dans ce contexte, la première piste à explorer concerne le système de valeurs et de croyances de la victime de VBH. Est-elle une femme attachée à la réputation et aux valeurs familiales et montre-t-elle une certaine soumission aux normes et traditions d'une communauté, même si cela n'est pas en accord avec ses besoins individuels ? Ainsi, on constate un clivage culturel dans lequel la victime se trouve, elle qui est partagée entre le devoir de se conformer aux valeurs et traditions de sa famille/communauté et ses envies/besoins personnels. La crainte du jugement et de la réaction de son entourage sont alors des indicateurs qui peuvent orienter le dépistage. Ainsi, elle éprouve une peur excessive du rejet, du bannissement et de la stigmatisation de la part de sa famille et de sa communauté. Dans la plupart des cas, l'honneur du groupe prend le dessus et elle est prête à passer par-dessus le respect d'elle-même pour que le groupe l'aime, l'accepte et la reconnaisse encore. De cet attachement au système de croyances du groupe d'origine découle un sentiment fort de culpabilité, car elle se trouve dans un conflit de loyauté quant au fait de ne pas correspondre ou de ne pas respecter les normes, valeurs et pratiques du groupe donné. Dans un cadre d'intervention, elle admet subir diverses pressions de la part de la famille, de la belle-famille ou de la communauté. Souvent, elle sent qu'elle n'a aucun pouvoir sur sa vie. C'est l'entourage, la famille, le conjoint et d'autres personnes qui ont tout le pouvoir sur elle, et toutes ses décisions sont prises en fonction de leur opinion ou de leurs menaces. De plus, elle peut afficher un certain manque d'autonomie lié à un fort isolement (absence de réseau, ou absence de soutien de la part du réseau s'il y en a un) et au peu d'intégration dans le pays d'accueil.

En définitive, la majorité des répondantes des maisons d'hébergement rencontrées arrivent à répertorier la plupart des critères évoqués dans la littérature et confirment leur capacité à reconnaitre la problématique et à intervenir auprès des victimes de VBH. De plus, ces répondantes mentionnent que leur maison aurait déjà accueilli une/des femmes vivant une situation de VBH. En contrepartie, le peu de répondantes qui affirment être incapables ou incertaines d'être capables de dépister un cas de VBH proviennent des maisons situées à l'extérieur du Grand Montréal, c'est-à-dire dans des régions qui reçoivent moins d'immigration. De plus, ces répondantes affirment n'être jamais intervenues auprès de femmes victimes de VBH.

6. Les défis de l'intervention féministe intersectionnelle auprès des femmes immigrantes victimes de VBH

Tel que mentionné plus haut, la FMHF faisait partie du Comité de suivi multiorganismes sur les VBH. Dans ce cadre, l'ensemble des organismes et institutions ont nommé plusieurs défis auxquels les intervenantes font face pour intervenir en contexte de VBH, entre autres : les barrières linguistiques, culturelles et institutionnelles ; la difficulté des victimes à établir des relations de confiance ; la peur des victimes de briser le rôle qu'on leur a confié depuis leur enfance (soumission et respect des traditions et rôle attendu de la femme) ; les victimes ont souvent honte et peur de ruiner la réputation et/ou l'honneur de la famille ; déni de la problématique au sein des communautés, difficulté pour les communautés d'accepter le fait que ce problème existe au sein de leur groupe ; les victimes ont souvent peur de l'inconnu (sortir de la zone de confort) et n'ont souvent que peu ou pas de support en provenance de leur réseau ; les victimes sont souvent ambivalentes devant le fait de dénoncer leur situation ; il existe des enjeux de confidentialité, puisque les victimes ne comprennent pas toujours le rôle des intervenantes ou leur façon de faire en termes de divulgation d'informations.

En outre, à partir des sondages et des entretiens de groupe réalisés auprès des maisons membres de la FMHF, selon certaines participantes à la recherche, plusieurs défis majeurs se posent dans l'intervention auprès des femmes victimes de VBH. Les répondantes ont souligné le fait que pour plusieurs victimes, le terme « violence basée sur l'honneur » utilisé par les chercheur·se·s et praticien·ne·s occidentaux·ales, ne veut rien dire. De ce fait, plusieurs victimes de VBH ne s'identifient pas comme telles et elles ne reconnaissent pas cette problématique. Finalement, la femme victime de VBH montre souvent une certaine banalisation de la violence du fait que cela ferait partie des rôles et des structures culturelles qu'elle connaît.

Dans les cas des VBH auprès des femmes immigrantes, les intervenantes peuvent être souvent confrontées à des zones culturellement sensibles (Cohen-Emerique, 2011) en raison des chocs culturels vécus, notamment concernant les rapports hommes et femmes (Legault et Lafrenière, 1992). Le tout peut causer un impact dans leur intervention car elles peuvent sentir un inconfort, de la frustration et même un sentiment d'incompétence. De plus, dans le cadre de leur travail, en général, les intervenantes admettent ne pas poser trop de questions directes à l'égard des différentes manifestations de VBH vécues par la victime, par exemple concernant la polygamie, le mariage forcé, l'excision, etc. Pour illustrer de tels enjeux, nous présentons le cas d'une intervenante qui a accompagné une femme victime de violence conjugale. Au cours de leurs rencontres, l'intervenante apprend que la femme a l'intention de rentrer dans son pays pour faire exciser sa fille. Malgré toutes les années d'expérience de l'intervenante dans le milieu de la violence intrafamiliale, la problématique de l'excision et de VBH s'est avérée une limite dans sa capacité d'intervention du fait qu'elle confronte trop ses valeurs. Finalement, elle a préféré se retirer du dossier et son équipe a pris la relève. Voilà le vécu raconté par l'intervenante :

> Je suis moins mal à l'aise de poser la question de polygamie que l'excision. ... Moi, personnellement, on dirait que je ne veux pas le savoir non plus, parce que ça me fait vivre des émotions, l'enfer, que je ne suis pas capable de cacher, de contrôler... Ça fait que je ne vais pas là... La madame parlait que, prochainement, elle allait avoir un voyage, pour aller exciser sa fille. Puis je ne pouvais pas concevoir... Tu sais, c'est fait de générations en générations, puis que c'est comme ça... est-ce que ces femmes-là perçoivent ça comme une violence ? Je ne sais pas... Puis moi, je peux lui dire que c'est une violence ? J'ai le droit de dire ça ? Ce n'est pas moi qui le vis... Donc, je me suis retirée du dossier, parce que c'est un sujet qui vient me chercher... Je ne pouvais pas concevoir que la mère allait amener pour exciser sa fille. J'étais comme : Tu ne peux pas faire ça !!...Parce que sa fille était rendue dans l'âge. La petite avait 8 ans. Puis ils y allaient l'été prochain. Ça fait qu'elle aurait eu 9 ans quand ils l'auraient fait. Ça fait que, tu sais, elle l'a eue, ses sœurs l'ont eue, sa mère l'a eue, sa grand-mère l'a eue, donc, de soi, la fille devrait l'avoir aussi... pour elle, ce n'était pas problématique. Ça l'était pas. C'était une affaire culturelle. Elle ne se posait pas de questions. Tu sais, c'est quelque chose que je me dis : ça ne devrait pas arriver. C'est inacceptable ! C'est inexcusable, que tu sois de n'importe quelle religion ou de culture... donc... la conversation de moi puis elle, ça s'arrêtait là, j'arrivais pas à passer à une autre chose... Ça fait que je me suis dit, je vais faire aucun progrès avec cette femme-là, ça fait que j'aime autant mieux me retirer. Ça fait que c'est sûr que le support de l'équipe c'était très important à ce moment-là pour revenir, pour débriefer aussi, puis pour te calmer les nerfs pour pas l'amener chez vous le soir puis t'en rendre malade. C'est super important, tu sais... même encore aujourd'hui... je suis contente que je me suis retirée de ça. Parce que je me serais nui à moi, puis j'aurais nui à elle également aussi... Je lui ai dit que ce qu'elle m'avait partagé, ça me mettait en

colère. Puis que, pour moi, c'était très difficile de concevoir ça… Je ne pense pas qu'elle a été offusquée, elle n'a pas été choquée… puis je lui ai expliqué pourquoi ce n'est plus moi qui interviendrais dans le dossier, puis elle l'a bien apprécié aussi, parce que je lui ai expliqué… Moi, en tant que personne, je ne suis pas capable de passer par-dessus. Puis ça va juger mon intervention, puis je vais être d'aucune aide… Puis c'est ça le fun d'avoir une bonne équipe qu'au moins, quelqu'un peut passer par en arrière puis faire comme : « Je vais le prendre, moi, le dossier ». Puis finalement, la mère a décidé de pas y aller, là, parce qu'on a regardé beaucoup plus les conséquences, surtout si c'est mal fait… puis si ce n'est pas stérilisé… Puis tant mieux s'ils sont arrivés à la convaincre de pas le faire… Moi, je n'ai pas été capable de me rendre là. Ça fait que oui, finalement, elle a compris, je pense, surtout sur les dangers au niveau de la santé. Pas au niveau de qu'est-ce que c'est en général. Parce qu'elle a dit que ça aurait été fait dans un petit village, pas d'anesthésie générale, rien de ça. Donc, tu sais, on est allées plus dans cette optique-là, sur toutes les maladies possibles suite à l'excision, puis sur les infections, puis les ci, puis les ça. Puis ça, c'est venu plus la chercher, de voir sa petite fille peut-être malade suite à ça, que le geste en tant que tel, là. Mais, tu sais, une fois qu'elle est partie de notre maison d'hébergement… tu ne le sais pas…

À partir de tout ce qui a été nommé par les répondantes et directrices des maisons, selon elles, le tout exigerait donc une autre façon d'intervenir qui serait plus culturellement adaptée. Parmi les façons de faire énumérées :

Il faut chercher plus sa réalité pour pouvoir mieux évaluer. Parce que les femmes qui passent par notre maison qui sont victimes de VBH, elles n'arrivent pas en disant… Elles ne s'identifient pas comme étant [victime de] VBH… Puis même si tu leur nommes ça, ça ne veut absolument rien dire pour elles, là. Ça fait que c'est en s'intéressant à la personne, à leur réalité, où est-ce qu'elle est rendue, qu'est-ce qui influence ses décisions, est-ce qu'elle sent qu'elle a du pouvoir sur sa vie ?

Ben, le choc culturel ça colore nos interventions. Moi, je suis toujours très alerte à ça parce que je ne veux pas imposer mon regard, ma perception sur quelqu'un d'autre. C'est pour ça que je travaille en posant des questions, en m'intéressant à la personne, pour en apprendre plus et éviter d'imposer mes valeurs, ou mes croyances, ou ma réalité sur ces femmes-là. Parce qu'on partage pas du tout la même réalité, là.

Ça peut même nous faire vivre un sentiment d'impuissance avec cette femme-là, de voir comment est-ce qu'on va l'accompagner tout en respectant ses croyances, sa culture... toute sa réalité à elle !

Elles ont besoin de plus de temps. Elles ont besoin de plus de soutien, euh... Bon, c'est des femmes qui peuvent venir de différentes cultures. Des fois, elles ne parlent pas la langue. Ça fait que l'isolement est encore plus là... Ça fait qu'on a un plus grand besoin d'accompagnement.

Le vécu et les expériences partagés par les acteurs du terrain illustrent les enjeux genrés, migratoires et ethnoculturels de la problématique de violences basées sur l'honneur. Le croisement de l'ensemble de ces facteurs s'articule par des défis et difficultés spécifiques lors de l'intervention interculturelle féministe auprès de femmes immigrantes victimes de VBH.

Conclusion

La VBH peut être associée à la violence intrafamiliale et conjugale, mais il est nécessaire de reconnaitre que ce type de violence se distingue par des caractéristiques particulières telles que la motivation, les personnes ciblées, la multiplicité des auteurs ou encore les formes de violence exercées. Face à cette violence genrée réelle mais peu visible et encore peu connue, notre objectif était d'étudier la compréhension que les intervenantes du milieu ont des VBH, ainsi que leurs défis d'intervention spécifiques auprès des victimes immigrantes. Les résultats montrent que la majorité des directrices et intervenantes des maisons d'hébergement de la FMHF semblent avoir une bonne compréhension de la problématique des VBH et elles se montrent capables de la reconnaitre sur le terrain. De plus, plusieurs maisons ont déjà accueilli des femmes victimes de VBH et sont intervenues dans un tel contexte.

Dans le dessein de mieux comprendre le phénomène des VBH tel qu'on le retrouve au Québec, cette recherche s'inscrit dans une perspective féministe intersectionnelle. Les maisons membres de la FMHF adhèrent également à cette approche. À travers les récits des répondantes, nous avons pu constater que les directrices et intervenantes des maisons ont en effet une sensibilité et un respect pour l'ensemble des composantes identitaires de la femme victime de VBH. Les intervenantes se montrent à l'écoute des valeurs et des traditions culturelles de la femme immigrante. Le tout, en tenant toujours compte des divers contextes dans lesquels la violence basée sur l'honneur a lieu : la culture patriarcale de la famille et de la communauté, ainsi que les différents défis au pays d'accueil auxquels les femmes immigrantes et racisées sont souvent confrontées (racisme systémique, discriminations, difficultés concernant la barrière de la langue, l'employabilité, le logement, la méconnaissance des droits et services, etc.).

Leurs récits illustrent des enjeux et défis particuliers d'intervention en contexte pluriculturel. De ce fait, et en raison des caractéristiques spécifiques des VBH, particulièrement face aux possibles manifestations spécifiques (excision, mariage forcé, test de virginité, hyménoplastie, etc.) qui font émerger des zones culturellement sensibles à l'origine de chocs culturels (notamment en lien avec le rôle de la femme et les violences genrées), des enjeux éthiques peuvent être soulevés lors de leur intervention. Le tout fait que, malgré leur longue expérience de travail auprès de femmes violentées et en difficulté, la problématique de VBH fait sortir plusieurs intervenantes de leur zone de confort autant comme professionnelles que comme femmes, et leur fait vivre une panoplie d'émotions : inconfort, malaises, frustrations, incompétence, stress, etc. En conséquence, selon leurs dires, les intervenantes se heurtent à un décalage culturel vis-à-vis de la victime, qui ne leur permet pas toujours de proposer une intervention adaptée du fait d'un manque de moyens d'action pour intervenir dans ce genre de situation pouvant amener un sentiment d'impuissance chez certaines intervenantes.

Alors qu'elles semblent démontrer une connaissance relativement bonne du phénomène, les intervenantes restent ouvertes et désireuses d'approfondir leurs connaissances sur le sujet. En effet, comprendre davantage la problématique permettrait d'en saisir adéquatement les enjeux, ce qui reste nécessaire dans certains milieux de pratique et d'intervention. Certaines intervenantes souhaiteraient avoir à leur disposition plus de guides de pratique ou avoir accès à des formations continues sur les VBH. En parvenant à définir précisément la réalité à laquelle sont confrontées les victimes de VBH, les répondantes affirment que les outils d'évaluation seront plus précis et orienteront plus adéquatement le suivi. L'intervention n'en sera donc que plus efficace. En outre, avec l'immigration et la diversification culturelle croissantes auxquelles elles font face, les maisons d'hébergement sont confrontées à des réalités culturelles de plus en plus variées. Plusieurs intervenantes expriment alors le besoin d'outils et de formations spécifiques adaptés à la réalité de la culture, des croyances et des valeurs des femmes victimes immigrantes et racisées permettant une meilleure compréhension et une meilleure identification des enjeux de la réalité dans laquelle les victimes s'inscrivent. Finalement, pour plusieurs d'entre elles, cette sensibilisation au phénomène devrait s'étendre, au-delà des intervenantes en maison d'hébergement pour femmes en difficulté, à la population et aux intervenant·e·s de tous les milieux (police, milieu judiciaire, douanes, éducateur·rice·s, etc.), qui peuvent remplir des missions de dépistage et d'intervention de première ligne.

Références

- Araji, S. K. (2000). « Crimes of Honour and Shame: Violence against Women in Western and Non-Western Societies ». *The Red Feather Journal of Postmodern Criminology*, 8 : 1-20.

- Arin, C. (2001). « Femicide in the Name of Honor in Turkey ». *Violence Against Women*, 7 : 821-964.
- Bilge, S. (2009). « Théorisations féministes de l'intersectionnalité », Diogène. *Revue internationale des sciences humaines*, 225 : 158-176.
- Bouclier d'Athéna Services Familiaux (2015). *Violence basée sur l'honneur.* Recuperado de http://athenalegalinfo.com/fr/violence-basee-sur-lhonneur/violence-basee-sur-lhonneur/.
- Cohen-Emerique. M. (2011), « L'interculturel dans les interactions des professionnels avec les usagers migrants ». *Alterstice*, 1(1) : 9-18.
- Collins, P. H. (1990). *Black feminist thought: knowledge, consciousness, and the politics of empowerment.* New York : Routledge.
- Conseil du statut de la femme. (2013). *Les crimes d'honneur : de l'indignation à l'action. Gouvernement du Québec.* Recuperado de https://www.csf.gouv.qc.ca/wp-content/uploads/avis-les-crimes-dhonneur-de-lindignation-a-laction.pdf.
- Corbeil, C. et Marchand I. (2010). *L'intervention féministe d'hier à aujourd'hui : portrait d'une pratique sociale diversifiée*, Montréal, Remue-ménage.
- Crenshaw, K. (1989). « Demarginalizing the Intersection of Race and Sex: A Black Feminist Critique of Antidiscrimination Doctrine, Feminist Theory and Antiracist Politics ». *Legal Forum*, 1 : 139-167.
- Epstein, C. (2010). « Death by Gender ». *Dissent*, 57(2) : 54-57.
- Fédération des maisons d'hébergement pour femmes du Québec. (2014) *Rapport Adaptation de l'intervention et des services aux réalités et besoins des femmes immigrantes.*
- Flynn C., Bigaouette M., Lavoie I.-A., Cribb M., Cyr C. et Gilbert, M. (2019). « L'intervention féministe intersectionnelle en maison d'hébergement pour femmes – Une approche axée sur l'inclusion et le savoir-être ». *Les cahiers de la LCD*, 11(3) : 145-163.
- Harper, E., Vallée, C.A. et Tomasso, L. (2014). *Exploration des besoins et des pratiques prometteuses en lien avec la violence basée sur l'honneur.* Québec : Centre social d'aide aux immigrants.

- Humphreys, C., (2007). « A health inequalities perspective on violence against women ». *Health and Social Care in the Community*, 15(2) : 120-127.
- Jimenez, E. et Cousineau, M.-M. (2014). « Violences commises au nom de l'honneur chez les femmes et filles issues de l'immigration au Québec ». *Ressources & Vous, Bulletin des membres de la Société de criminologie du Québec*.
- Jimenez, E. et Cousineau, M.-M. (2016a). « Intervention interculturelle auprès des victimes des violences basées sur l'honneur (VBH) et leur famille au Québec, Interventions auprès des jeunes en contexte de diversité ». *Les publications du Collège de Rosemont* : 96-99.
- Jimenez, E. et Cousineau, M.-M. (2016b). « L'état encore embryonnaire de la recherche sur les violences basées sur l'honneur au Québec et le besoin d'une approche interculturelle pour mieux comprendre et intervenir auprès des victimes ». *Les Cahiers de PV – Antenne sur la victimologie*, 10 : 11-16.
- Jimenez, E., Cousineau, M.-M., Tanguay, M.-E. et Arcand, J. (2017). « Les violences basées sur l'honneur au Canada et au Québec. Renforcement des lois afin de venir en aide aux victimes ». Dans Jimenez, E. (ed.) *Femmes à la marge, Revue Criminologie*, Presses de l'Université de Montréal, 50(2) : 143-164.
- Jimenez, E., Tanguay, M.-E., Arcand, J. et Cousineau, M.-M. (2019). « Violences basées sur l'honneur et intervention interculturelle au Québec auprès des mineures ». Dans Heine, A. et Licata, L. (dirs) *La psychologie interculturelle en pratiques*. Bruxelles, Mardaga : 283-295.
- Jimenez, E., Arcand, J., Cousineau, M.M. et Dessureault, S. (2019). « Intervention en situations soupçonnées ou avérées de VBH : Le cas des adolescentes sous la protection de la jeunesse au Québec ». Dans El-Hage, H. (dir.) *Les violences basées sur l'honneur. Prévenir et agir efficacement : actes du colloque*. Les publications du Collège de Rosemont : 13-22.
- Jimenez, E. (2022). « Le contrôle excessif en contexte des violences basées sur l'honneur au Québec : Analyse juridique et jurisprudentielle d'une violence genrée ». *Revue canadienne droit et société* 37:1 (sous presse).

- Korteweg, A. C. (2012). « Understanding Honour Killing and Honour-Related Violence in the Immigration Context: Implications for the Legal Profession and Beyond ». *Canadian Criminal Law Review*, 16(2) : 135-160.
- Legault, G et Lafrenière, M. (1992). « Situations d'incompréhensions interculturelles dans les services sociaux : problématique ». *Communautés culturelles et santé mentale*, 17(2) : 113-131.
- Marchand, I., Corbeil C. et Boulebsol, C. (2020). « L'intervention féministe sous l'influence de l'intersectionnalité : enjeux organisationnels et communicationnels au sein des organismes féministes au Québec », *Communiquer*, 30 : 33-52.
- Meetoo, V. et Mirza, H. (2007). « There is nothing honourable about honour killings: gender, violence and the limits of multiculturalism ». *Women's Studies International Forum*, 30(3) : 187-200.
- Mojab, S. (2012). « The Politics of Culture, Racism, and Nationalism in Honour Killing ». *Canadian Criminal Law Review*, 16(2) : 115-134.
- Schlytter, A. et Linell, H. (2010). « Girls with honour-related problems in a comparative perspective ». *International Journal of Social Welfare*, 19(2) : 152-161.
- Table de concertation des organismes au service des personnes réfugiées et immigrantes (TCRI) (2014). *Évaluation des besoins et détermination des pratiques prometteuses pour lutter contre les violences basées sur l'honneur (VBH) dans la collectivité*. Recuperado de http://tcri.qc.ca/images/publications/volets/volet-femmes/2014/Rapport.pdf
- Talbani, A. et Hasanali, P. (2000). « Adolescents females between traditions and modernity: gender role socialization in South Asian immigrant culture ». *Journal of Adolescence*, 23 : 615-627.

Les violences basées sur l'honneur à Moncton : les balbutiements néo-brunswickois

Madeline Lamboley
Professeure dans le département
de sociologie et criminologie,
Université de Moncton

Introduction

Depuis quelques années, les violences basées sur l'honneur (VBH), prenant la forme de mariages forcés, de mutilations génitales féminines ou encore de contrôle excessif du comportement social et sexuel de femmes et de filles issues de l'immigration, ont fait leur apparition dans le portrait des violences commises envers les femmes dans un contexte familial et conjugal au Canada (Bendriss, 2008 ; Lamboley, 2016 ; Jimenez *et al.*, 2017). Leur seule reconnaissance a fait l'objet d'une effervescence tant par l'environnement académique que par les milieux de pratique au Québec, alors que le Nouveau-Brunswick n'en est qu'à ses premiers balbutiements sur la question. Nous présenterons ici les résultats d'une recherche exploratoire[1]. L'ensemble de ces données, analysées à partir d'une lunette féministe intersectionnelle, mettra en lumière l'ampleur des implications cliniques, les pratiques en développement, notamment des services d'art-thérapie, ainsi que les défis en matière d'intervention interculturelle auxquels font face les milieux de pratique au Nouveau-Brunswick au regard de cette problématique et, plus généralement, de la violence faite aux femmes immigrantes.

1. Description du contexte

Le Nouveau-Brunswick fait partie des quatre provinces du Canada atlantique avec la Nouvelle-Écosse, l'Île-du-Prince-Édouard et Terre-Neuve-Labrador. C'est la seule province officiellement bilingue au Canada, mais où la dimension francophone minoritaire est une caractéristique indispensable de son portrait culturel et

---

[1] En collaboration avec le groupe de travail sur la violence faite aux femmes immigrantes de Moncton, et plus particulièrement avec Geneviève L. Latour (Carrefour pour femmes), Dominique Robichaud (CAFi) et Ginette Gautreau (Conseil multiculturel du Nouveau-Brunswick).
Carrefour pour femmes est un refuge pour les victimes de violence familiale et d'agression sexuelle. Pour plus d'informations : https://crossroadsforwomen.ca/fr/ Consulté le 3 juin 2021.
Le CAFi est un centre d'accueil et d'accompagnement pour les personnes immigrantes (résidents permanents et réfugiés) pour le Sud-Est du Nouveau-Brunswick. Pour plus d'informations : https://www.cafi-nb.org/ Consulté le 3 juin 2021.
Le Conseil multiculturel du Nouveau-Brunswick (CMNB) stimule le développement et la formation de nouvelles associations multiculturelles dans diverses régions du Nouveau-Brunswick où ces associations sont inexistantes. Pour plus d'informations : https://nbmc-cmnb.ca/fr/ Consulté le 3 juin 2021.

identitaire. Le Nouveau-Brunswick est aussi une des provinces les plus pauvres au Canada et où, comparativement aux autres provinces canadiennes comme le Québec, l'Ontario ou la Colombie-Britannique, il y a encore peu de diversité culturelle, et encore moins hors des centres urbains comme Moncton, Fredericton ou Saint-Jean. Alors qu'une personne sur cinq est née à l'étranger au Canada, il s'agit d'une personne sur 25 au Nouveau-Brunswick. Majoritairement, les personnes qui immigrent au Nouveau-Brunswick sont jeunes et issues de l'immigration économique. Toutefois, certaines personnes immigrantes arrivent quant à elles par le biais du parrainage ou avec un statut de réfugié. Plus particulièrement, la ville de Moncton, où les données de cette recherche ont été collectées, connait une croissance au niveau de l'immigration, une immigration plus particulièrement francophone. Quoiqu'il en soit, l'immigration ici est source d'enjeux, notamment dans l'accueil des immigrants et l'accès à l'emploi où ces derniers font face à de la discrimination, surtout lorsqu'il s'agit d'obtenir un emploi de qualité c'est-à-dire stable, bien rémunéré et qui reconnait la qualification de la personne (Sall, 2021). Par conséquent, la question de la rétention des immigrants est un autre enjeu qui se pose au Nouveau-Brunswick (Sall, 2021). Ces derniers préférant quitter vers d'autres provinces canadiennes plus attractives en termes de programmes et avantages sociaux. Ce portrait démographique unique fait ressortir des enjeux spécifiques quand il s'agit de s'attarder à une problématique telle que la violence familiale et conjugale faite aux femmes immigrantes et encore plus particulièrement lorsque l'on décide de se pencher sur la question des violences basées sur l'honneur.

2. Les violences basées sur l'honneur en bref

Largement médiatisée au Canada, la tristement célèbre « affaire Shafia[2] » a ébranlé toute la société en 2009 et continue à susciter des débats polarisés sur les valeurs canadiennes, l'intégration des immigrants, la prévention de telles situations et la protection des jeunes filles et femmes susceptibles d'être l'objet de « crimes d'honneur ». Cette affaire a mis en évidence plusieurs constats au Canada. Le premier est, que la problématique des violences basées sur l'honneur (VBH) y est encore méconnue, occultée, difficile à dépister et considérée, généralement, comme une affaire familiale relevant de la sphère privée (Lamboley, 2016 ; Hassan *et al.*, 2017). Deuxièmement, les milieux de pratique ne sont pas formés et outillés pour reconnaitre et réagir à la possibilité d'une situation de VBH (Lamboley, 2016 ; Hassan *et al.*, 2017). Le troisième constat relève que la méconnaissance du phénomène a généré de nombreux stéréotypes et amalgames, notamment envers les familles issues de minorités ethnoculturelles (Lamboley, 2016 ; Hassan *et al.,* 2017).

Les violences basées sur l'honneur, bien que ce terme puisse être sujet à contestations, peuvent être multiples et prendre plusieurs formes dont des violences psychologiques, physiques, verbales, sexuelles, économiques, religieuses/spirituelles (Lamboley, 2016 ; Hassan *et al.*, 2017). Elles peuvent se manifester au travers de différents gestes tels que : le contrôle coercitif, les menaces, les tests non librement consentis de virginité, l'enlèvement ou le renvoi dans le

---

[2] Le 30 juin 2009, les corps de Zainab (19 ans), Sahar (17 ans) et Geeti (13 ans) Shafia, ainsi que celui de Rona Amir Mohammad (la première épouse de M. Shafia), ont été découverts noyés dans une voiture au fond du canal Rideau à Kingston en Ontario. Bien avant ce jour de 2009, la Direction de la protection de la jeunesse et la police étaient intervenues dans cette famille. Leurs enquêtes ont été abandonnées après quelques interventions. Après l'enquête, trois membres de la famille d'origine afghane vivant à Montréal dont le père, la mère et un des frères des filles ont été reconnus coupables de quatre accusations de meurtre au premier degré et ont écopé d'une peine de prison à vie sans possibilité de libération conditionnelle avant 25 ans.

pays d'origine, les mariages forcés ou précoces, la polygamie non librement consentie et, ultimement, conduire jusqu'au meurtre. La définition suivante a été retenue pour les fins de ce chapitre :

> La violence basée sur l'honneur est toute forme de violence psychologique, physique, verbale, sexuelle, économique et spirituelle motivée par le désir de protéger ou restaurer l'honneur ou la réputation d'un individu, d'une famille ou d'une communauté. La violence basée sur l'honneur est utilisée pour contrôler le comportement social ou sexuel d'une personne afin que celle-ci se conforme à des normes, des valeurs et des pratiques liées à des traditions ou coutumes d'un groupe donné. Elle peut aussi être utilisée en guise de sanction ou correction du fait d'un comportement jugé ou perçu inapproprié. Ce type de violence peut être exercé par un ou plusieurs membres d'une même famille y compris la famille étendue, ou d'une communauté. (Kamateros et Nahabedian, 2016 : 51)

Dans les familles de type traditionnel patriarcal, qu'elles proviennent d'une communauté immigrante ou même d'une communauté polygame sectaire (Lamboley *et al.*, accepté 2022), la préservation de l'honneur de la famille est souvent un attribut majoritairement masculin et les hommes doivent, entre autres, s'assurer du maintien de la vertu de la femme par le biais de la chasteté, la virginité et de la fidélité, attributs que les femmes doivent protéger (Conseil du statut de la femme, 2013). La définition de ces attributs engendre un rapport de domination de l'homme sur la femme par le contrôle de ses activités et de ses comportements sexuels (Conseil du statut de la femme, 2013). En bref, ce type de violence se caractérise par la honte associée à la perte de pouvoir, de contrôle et/ou de vertu de l'homme occasionné par les comportements de la femme (ONU Femmes, 2012). Toutefois, comme l'ont démontré Lamboley, Pelland et Goguen (accepté 2022), les femmes peuvent elles aussi jouer un double rôle dans la préservation de l'honneur dans la mesure où elles en sont à la fois victimes et agentes de contrôle par exemple en gardant le silence lorsqu'elles en sont témoins ou, au contraire, en jouant un rôle plus actif. Quoiqu'il en soit, lorsqu'on juge qu'une femme ou une fille a contrevenu à l'honneur de sa famille, il devient alors impératif pour les membres, plus ou moins proches de celle-ci, de contrôler étroitement ses comportements sociaux et sexuels afin d'éviter tout ce qui pourrait entacher leur réputation aux yeux de la communauté (Conseil du statut de la femme, 2013 ; Lamboley *et al.*, accepté 2022). Cette surveillance ou contrôle communautaire mis en œuvre en matière de VBH est facilité par ce que Stark (2007) appelle le contrôle coercitif.

> Ce contrôle coercitif permet de règlementer et de microgérer la vie quotidienne de femmes afin de maintenir un pouvoir de type patriarcal en permettant le maintien d'inégalités basées sur le genre. Dans les groupes où le contrôle coercitif est intégré au fonctionnement communautaire, la définition des rôles de genre permettra la normalisation des mécanismes de contrôle et la justification du pouvoir des hommes sur les femmes et les limitations importantes imposées sur leur autonomie et leurs libertés. (Lamboley *et al.*, accepté 2022)

L'honneur n'est alors pas vu comme une forme d'atteinte à la liberté, mais plutôt comme une reconnaissance publique de respectabilité (Eid, 2007). En effet, les sanctions choisies par le ou les auteur·rice·s de VBH ne craignent pas les éventuelles représailles de la communauté puisqu'il s'agit de normes, plus ou moins implicites, édictées par le groupe et suivies par l'ensemble des femmes de la communauté. La seule menace d'avoir recourt à une ou plusieurs formes de VBH suffit à balayer leur capacité de résistance voire même leur capacité de prise de conscience de cette violence (Lamboley *et al.*, accepté 2022).

Dans le cadre de ce chapitre, une approche intersectionnelle et interculturelle a donc été privilégiée comme lunette d'analyse afin de considérer la multiplicité des identités d'une personne eu égard à sa migration, à son genre ou encore à son âge ainsi qu'aux diverses sources d'oppression qu'elle doit affronter, notamment le patriarcat, l'hétérosexisme ou encore le cisgenrisme.

3. Une approche intersectionnelle et interculturelle comme lunette d'analyse

Vouloir comprendre les VBH vécues par des femmes immigrantes à partir de la lorgnette de la théorie féministe de l'intersectionnalité nous a permis de mettre à jour les interrelations complexes de vulnérabilités et d'oppressions multiples afin de ne pas réduire la violence vécue par ces femmes à un seul problème culturel. En effet, une femme, immigrante, subissant des formes de VBH, compte tenu de son identité de genre, de son âge, des relations familiales et sociales, de sa culture, de sa langue, de sa religion, de sa classe sociale, de son statut migratoire, entre autres composantes identitaires, se retrouve au cœur de divers systèmes d'oppression (Institut canadien de recherche sur les femmes, 2007 ; Lamboley, 2016). Le patriarcat, l'hétérosexisme ou l'hétéronormativité, le capitalisme ou encore le racisme vont exercer des rapports de pouvoir asymétriques, peu importe les niveaux d'organisation sociale (micro, méso, macro) afin de produire des violences complexes (Bilge, 2010).

Ces relations d'intersectionnalité créent des situations problématiques uniques à chaque femme que, en contexte de migration, la société d'accueil va renforcer ou confronter (Lamboley *et al.*, 2014). C'est pourquoi il est indispensable, afin d'éviter la culturalisation de la problématique, de lui associer une approche interculturelle. L'aspect multidimensionnel de l'approche interculturelle a l'avantage d'amorcer le dialogue entre l'intervenant·e, conscient·e de ses valeurs et de sa culture, et la personne qui sollicite ses services (McClam et Woodside, 2005 ; Bals, 2007). Pour Cohen-Émerique (1989 ; 1993), les mots-clés de la réussite d'une intervention auprès de personnes immigrantes sont : comprendre, écouter, communiquer et faire communiquer. Comme le souligne Carbonneau (2005 : 110) :

> Intervenir en violence conjugale en contexte interculturel, c'est comme un tango, une danse à deux. Il faut que chacun prenne conscience de ses valeurs, de ses normes, de ses choix et sache les affirmer sans les imposer.

Afin d'éviter les effets négatifs du choc culturel sur l'intervention, il est important d'attirer, plus particulièrement, l'attention de l'intervenant·e sur la décentration. En effet, une des clés de la réussite d'une approche interculturelle, réside principalement dans l'importance d'établir un rapport égalitaire entre l'intervenant·e et la personne concernée (Corbeil et Marchand, 2006), autrement dit dans la « décentration » de sa propre culture (Cohen-Emerique, 1989 ; 1993 ; Carbonneau, 2005 ; Pontel et Demczuk, 2007), et ce, d'autant plus lorsque l'intervenant·e appartient au groupe majoritaire (Carbonneau, 2005). Cela signifie qu'il est nécessaire de prendre conscience des valeurs de l'autre, de ses représentations, de ses préjugés (Verbunt, 2004), voire d'un possible racisme « non conscient » (Corbeil et Marchand, 2006), que l'intervenant·e et la personne les reconnaissent pour mieux interagir (Cohen-Emerique, 1993) et, ainsi, ne pas faire preuve d'ethnocentrisme (Corbeil et Marchand, 2006). Cette étape est d'autant plus importante que, dans le cas de certaines femmes immigrantes victimes de violence basée sur l'honneur, il est souvent contraire à leur tradition de confier ses problèmes personnels à des « étrangers ». La recherche du sens est aussi une étape importante de l'intervention interculturelle et suppose entre autres, une écoute compréhensive. L'intervenant·e doit être capable d'entendre une vision différente de la sienne, même si, comme ça pourrait être le cas en matière de violence basée sur l'honneur, elle vient confronter nos valeurs par exemple de relations saines et égalitaires (Cohen-Emerique, 1989 ; 1993 ; Rojas-Viger, 2007). Enfin, pour que l'intervention soit efficace, elle doit être sensée pour la cliente. À la fois l'intervenant·e et la cliente doivent s'adapter au fonctionnement de l'autre jusqu'à ce qu'ils·elles arrivent à un terrain d'entente ayant du sens, tant pour l'un·e que pour l'autre (Cohen-Emerique, 1993). Comme pour toute intervention en violence familiale et conjugale, cette négociation doit tenir compte de l'expérience des femmes et de leurs composantes identitaires, ce qui nécessite de respecter les cadres qu'elles se sont fixées, même si cela implique de ne pas quitter son mari, sa famille et, par conséquent, son réseau social. Il faut se rappeler lors de l'intervention que la personne immigrante est prise dans une situation psychologiquement exigeante dépendamment de l'étape où elle est rendue dans son processus d'adaptation, mais aussi des traumatismes qu'elle doit affronter, comme fuir la guerre ou encore affronter sa famille concernant sa transidentité comme il en sera question plus loin dans ce chapitre.

Pour lever ces obstacles et répondre adéquatement aux besoins des femmes, qu'elles soient cisgenres, transgenres, immigrantes et racisées subissant des formes de violence basée sur l'honneur, plusieurs actions devront être entreprises pour adapter l'intervention auprès d'elles. Plusieurs autrices utilisant un cadre d'analyse intersectionnel sont d'avis qu'il est nécessaire de développer des services interculturellement sensibles, pour prendre en considération la complexité de leur situation (Ono, 2013 ; Pearce et Sokoloff, 2013).

Notre recherche exploratoire a pour but de comprendre la question des VBH vécues par des femmes immigrantes vivant à Moncton et les réponses sociales qu'on y apporte le cas échéant. Afin de saisir la réalité des actrices sur le terrain, tant des intervenantes que des femmes victimes/survivantes de VBH et de rendre compte de leur point de vue, une méthodologie qualitative a été utilisée. La méthodologie qualitative adhère à une perception holistique des situations, ce qui permet, à partir de la perception des femmes et des intervenantes interrogées dans le cadre de cette recherche, de satisfaire aux objectifs plus spécifiques soit de rendre compte des expériences personnelles de femmes immigrantes vivant, ayant vécu ou menacées de VBH à Moncton et les conséquences qui en résultent ; de documenter les besoins de ces femmes et saisir le sens qui leur est accordé à partir des perceptions d'intervenantes œuvrant auprès d'elles en regard du devenir de ces femmes ; de comprendre la signification des besoins perçus par les intervenantes, à la lumière de leurs expériences professionnelles et de l'évaluation qu'elles font des ressources personnelles et sociales dont disposent ces femmes. Ce chapitre se centre davantage sur ce dernier objectif.

4. Enquête sur les VBH

Cette recherche, basée sur une approche qualitative, s'est construite autour d'entretiens de type récit d'expérience. La question de la violence faite aux femmes immigrantes n'en est qu'à ses balbutiements au Nouveau-Brunswick et une forme de violence aussi spécifique que la violence basée sur l'honneur l'est encore plus. Des entretiens qualitatifs ont été menés à la fois auprès d'une jeune femme transgenre réfugiée ayant vécu de la violence basée sur l'honneur et auprès de dix intervenantes de divers milieux de pratique à Moncton (social-communautaire N=7 ; institutionnel N=2 ; santé N=1). Les milieux de pratique, qu'ils soient social-communautaire ou institutionnel, intervenaient principalement auprès de femmes victimes de violence entre partenaires intimes, auprès de personnes immigrantes ou encore auprès de victimes d'actes criminels. Le seul critère d'inclusion retenu pour les femmes était d'avoir vécu une situation de VBH à Moncton. L'accessibilité aux femmes s'est avérée difficile en raison de trois difficultés principales : la barrière de la langue ; le manque de ressources œuvrant auprès des femmes immigrantes vicitmes de violence ; et enfin de la sensibilité du sujet. Il est plausible que certaines femmes contactées n'aient pas voulu nous rencontrer du fait de leur statut d'immigration précaire qu'elles avaient peur de compromettre, mais surtout de la peur des représailles de la part de leur famille ou de leur communauté installée à Moncton. Au terme de plusieurs mois sur le terrain, nous avons pu rencontrer une seule jeune femme. Cette jeune femme a bien voulu nous parler avec son intervenante qui l'aidait dans ses démarches d'aide et avec qui elle avait un lien de confiance, sans quoi l'entrevue n'aurait pu avoir lieu. L'entrevue, avec celle qui a été renommée Rose pour préserver son identité, s'est avérée émotive en raison des enjeux liés à sa transidentité, du rejet de sa famille et aux différentes formes de violence subies, en plus de devoir faire face à de nombreuses adaptations en tant que femme trans, immigrante et racisée dans la société néo-brunswickoise. S'agissant des intervenantes[3,] leur perspective a permis d'avoir un portrait de la situation à Moncton, mais surtout d'identifier les nombreux défis rencontrés face à cette réalité des VBH largement méconnue à Moncton, comme ailleurs au Nouveau-Brunswick. L'accessibilité des intervenant·e·s s'est donc avérée elle aussi compliquée. Il y a encore peu de connaissances et d'organismes intervenant sur la violence faite aux femmes immigrantes et encore moins sur la violence basée sur l'honneur. Un autre défi rencontré est que cette problématique en émergence au Nouveau-Brunswick suscite des questionnements des organismes et institutions. Ils étaient donc eux aussi à la recherche de réponses plutôt que dans l'optique de nous apporter eux-mêmes des explications. Cette constatation réaffirme la pertinence sociale du projet.

4.1. La formation des intervenant·e·s

Au Nouveau-Brunswick, à ce jour, il y a encore très peu d'organismes ayant été formé en intervention interculturelle. Comme il a été mentionné au début de ce chapitre, bien que le Nouveau-Brunswick connaisse une croissance en matière d'immigration, les services ne sont pas prêts à faire face aux problématiques qui peuvent surgir au cours du processus d'intégration des immigrant·e·s, notamment des femmes immigrantes vivant des situations de violence et de violence basée sur l'honneur. Toutefois, des initiatives commencent à voir le jour comme la mise sur pied du groupe de travail sur la violence faite aux femmes immigrantes à Moncton ; de la formation sur la violence faite aux femmes immigrantes et sur la VBH dans

---

[3] Il est à noter que les intervenantes rencontrées dans le cadre de cette recherche n'étaient pas nécessairement liées au cas de la jeune femme trans victime de VBH.

le réseau des services aux victimes du Nouveau-Brunswick au printemps 2021 ; des groupes d'entraide pour les femmes immigrantes sur les réseaux sociaux (The Immigrant Women's Association of New-Brunswick – IWANB), ou encore une intervention centrée sur l'art-thérapie qui sera présentée dans ce chapitre.

S'agissant des VBH, le Nouveau-Brunswick connait quelques lacunes. En effet, aucune donnée n'est disponible tant la problématique n'est pas encore identifiée, et encore moins reconnue. Pourtant, sans même le savoir, les intervenant·e·s rencontré·e·s dans le cadre de notre recherche exploratoire y ont toutes et tous été confronté·e·s. Bien souvent, c'est en offrant de la formation que les intervenant·e·s le réalisent. Même s'il y a une méconnaissance de cette problématique en particulier, ils·elles y font face comme nous le raconte cette intervenante :

> Je suis curieuse de savoir qu'est-ce que vous voulez, la violence que moi je vois ici, c'est beaucoup de violence domestique, l'homme va battre sa femme, ses enfants, à savoir si c'est à l'honneur, je ne pourrais pas te dire c'est quoi leur raisonnement en arrière […] Il y avait une femme que son homme la battait, elle pis ses enfants, s'il était frustré, fâché. Elle a été mariée à 14 ans, il l'a toujours battue, c'est toujours ça qu'il faisait, c'était vraiment la norme chez elle. À savoir pourquoi il la battait… aussitôt qu'il perdait patience, son instinct était de frapper. J'en ai eu une que l'homme est arrivé avec une deuxième épouse. La première épouse s'est fâchée, donc il l'a battue (silence).

Bien que cette intervenante décèle effectivement la violence conjugale vécue pour ces femmes, elle occulte presque le fait que la première ait fait l'objet d'un mariage précoce et que la seconde soit dans une situation de polygamie. Pourtant, ne pas prendre en considération ces formes de violence spécifique lors de l'intervention peut être problématique dans la mesure où l'on peut présumer que le travail de décentration et la recherche du sens, deux étapes importantes d'une intervention interculturelle, n'ont pas été faites.

Plusieurs formes de VBH ont été recensées à Moncton : contrôle coercitif ; intimidation d'hommes d'une communauté à l'égard d'une femme ayant été chercher de l'aide d'une maison d'hébergement ; violence économique en coupant les vivre d'une étudiante internationale tombée enceinte suite à une relation désapprouvée par la famille ; mariage forcé/précoce d'une jeune fille ; chantage d'un prétendant de diffuser des photos modifiées d'une femme nue et sans son voile pour la forcer à l'épouser ; menaces, harcèlement et agressions sexuelles d'étudiants internationaux à l'égard d'autres étudiantes internationales de leur communauté. Ce sont les principales formes de violence ressorties des échanges avec les intervenant·e·s rencontré·e·s. Rose relate aussi dans son discours plusieurs formes de VBH dont elle a été témoin. Elle nous mentionne que les filles et jeunes femmes de sa communauté subissent, selon elle, même ici à Moncton, du contrôle quant à leur comportement social et sexuel que les garçons et les jeunes hommes ne connaissent pas.

> [...] Ils [les parents] ne permettent pas aux filles de sortir de la maison après 19 heures, même si elles ont plus de 18 ans. [...] Les parents choisissent le mari pour leur fille, même si la fille ne veut pas, la fille doit dire oui parce qu'elle a peur de ses parents. [...] Peut-être que les parents vont la gifler, le père est le patron de la maison. [...] Les filles ne doivent pas sortir de la maison et elles ne doivent parler à personne. [...] Je pense que les parents ne veulent pas qu'elles [les filles] aillent à l'école ou à des programmes, mais ici ils doivent [obligation légale] envoyer leurs enfants à l'école. [...] Les garçons, ils s'en fichent, ils peuvent partir quand ils veulent, ils peuvent s'engager avec n'importe quelle fille qu'ils veulent même si parfois il y a des parents, pas beaucoup de parents, essaient de contrôler ce qu'ils peuvent. [Traduction libre]

Rose mentionne également que :

> Si une fille enlève son hidjab et commence à porter des vêtements d'ici et à vivre son style de vie, qu'elle commence à aller à l'école, au collège, à travailler, je pense que je suis sûre à 100 % qu'ils [les parents] ne veulent plus qu'elle vive. [...] J'ai déjà en-

tendu des parents se parler entre eux et dire : « si ma fille faisait ça, je la tuerais ». [Traduction libre]

Toutes ces formes de violence sont utilisées pour contrôler le comportement social et sexuel d'une femme afin qu'elle se conforme aux normes, valeurs, pratiques, traditions de son groupe. Elles sont utilisées en guise de sanction ou de correction de leur comportement jugé ou perçu inapproprié. Le contexte dans lequel interviennent ces formes de violence est spécifique et elles sont exercées par des agresseur·se·s pouvant être multiples, y compris par d'autres femmes tel qu'il a été mentionné ci-dessus (Lamboley *et al.*, accepté 2022).

Rose est la seule femme que nous avons pu rencontrer lors de cette collecte. Contrairement à d'autres femmes approchées, Rose a bien voulu nous parler car elle savait que son statut au Canada n'était pas menacé puisqu'elle détient dorénavant une résidence permanente canadienne. Aussi, Rose avait une certaine connaissance de ses droits et des ressources pour lui venir en aide, mais surtout elle était capable de s'exprimer en anglais et elle était accompagnée de son intervenante avec laquelle elle avait un lien de confiance. Rose est une jeune femme transgenre, arrivée avec sa famille à Moncton comme réfugiée prise en charge par le gouvernement en 2015. L'expression de son identité de genre est considérée par sa famille, ses deux frères en particulier, comme un déshonneur. Cela lui a valu de faire l'objet de diverses formes de violence allant de la violence émotionnelle à la violence physique pour la faire entrer dans les rangs de l'hétéronormativité. Attristée, Rose nous raconte que :

> Mon frère m'a poignardée, il y a eu une fois où il a pris le couteau et ça m'a amenée à l'hôpital […] Je me faisais beaucoup gifler par mes frères parce que j'étais comme une fille. Ma mère, elle n'a pas de problème avec ça et ma sœur non plus…, mon frère, mes deux autres frères, ils me giflaient, me battaient et j'avais vraiment peur d'eux. [Traduction libre]

Dans son pays d'origine, le rapport eu égard à la transidentité entre en conflit avec une société hétéronormative, machiste ou encore patriarcale menant ainsi à des actes de violence, comme l'ont d'ailleurs démontré les études d'El-Hage et Lee (2016), puis de Tourki *et al.* (2018). Rose se rappelle que :

> Depuis mon enfance, quand j'ai commencé à aller à l'école, je voulais être comme ma sœur, être une fille. Je me suis faite gifler beaucoup par mes frères parce que j'étais comme une fille [...] Mes deux autres frères, ils me giflaient et j'avais vraiment peur d'eux, juste parce que je portais une longue robe et que j'avais du maquillage. [...] Aussi parfois, je ne pouvais pas sortir seule dans la rue. Je me souviens que je me rendais au travail à 7 heures et quelqu'un que je ne connaissais pas m'a giflée avec quelque chose comme ça parce que je portais un short. Quelqu'un m'a giflée sur mes jambes, c'était vraiment mauvais. [Traduction libre]

L'honneur familial, mais aussi plus largement de personnes de la communauté, est entaché et la met à risque de subir des violences d'auteur·rice·s multiples connu·e·s, mais aussi inconnu·e·s. Dans un tel contexte, dans le cas où Rose le souhaiterait, un retour dans son pays d'origine semble impossible au risque de subir de graves répercussions comme être persécutée voire emprisonnée. Pour Tourki *et al.* (2018), la seule possibilité serait de devenir citoyenne canadienne conférant ainsi l'octroi d'un passeport canadien avec un prénom, une mention de sexe ainsi qu'une photo qui concordent avec l'identité de genre et l'apparence physique actuelle de Rose.

En plus de diverses formes de violences basées sur l'honneur, Rose se trouve à l'intersection de multiples vulnérabilités en raison de son identité de genre, de sa « race », de son âge, de son statut de migrante qui l'exposent à la fois au racisme et à la transphobie de la société d'accueil créant ainsi des obstacles supplémentaires face à son intégration sociale, voire à une discrimination systémique comme l'ont aussi mis en lumière El-Hage et Lee (2016) et Tourki *et al.* (2018). Rose, qui a déjà été confronté au racisme, explique que :

> [...] Même les étudiant·e·s canadien.nes étaient comme ami·e·s, mais iels changent d'avis, iels ne sont pas tous ouverts d'esprit,

iels étaient comme blah, blah, blah [...] Certain·e·s personnes sont plus racistes, on a l'impression que leur cerveau vit dans un autre monde. [...] Parfois, je ne veux pas sortir seule, j'ai une amie qui me protège, iels pensent que je suis gay mais je suis trans, iels ne savent pas, les canadien.nes pensent que je suis gay. Iels ne comprennent toujours pas ce que signifie être trans et être gay. [Traduction libre]

Une autre situation de VBH dévoilée cette fois-ci par une intervenante du milieu de la santé :

> [...] j'ai une jeune fille qui a été violée par son oncle... On l'a su parce qu'elle était enceinte. On l'a dit à ses parents, ils étaient ici avec la jeune fille quand on leur a annoncé qu'elle était enceinte. Une de mes questions était : « Est-ce que tu [la jeune fille en question] peux aller chez-vous ? Est-ce que tu peux être en sécurité chez-vous ? » Elle était confiante que oui. Honnêtement ses parents ont vraiment... parce que c'était une situation difficile, c'était le frère de la mère qui l'avait violée. Le père a vraiment été un super bon soutien pour sa fille, ce qui m'a honnêtement surprise un peu, je n'étais pas certaine comment ils allaient voir ça ! Tu ne vois pas une jeune fille de 14 ans [nom religion], enceinte ! Je pense que, parce que c'était un viol, c'était plus « accepté ». Puis surtout, on a réussi à terminer la grossesse avant que ce soit connu ! Mais ça, c'était l'autre affaire ! Pour être sûr que personne ne sache, beaucoup de choses ont été faites en cachette ! Ma préoccupation était de savoir comment garder ceci le plus privé possible alors qu'elle avait 14 ans et que j'avais l'obligation de le rapporter à la police. La condition pour qu'on le rapporte à la police était que : « on ne veut pas que la police arrive chez-nous, on ne veut pas que ses frères sachent qu'elle est enceinte. Les accusations ont été portées sur la personne, ça a sorti un peu, mais la famille était satisfaite que l'on avait respecté leur vie privée... Mais ça c'était leur plus grosse inquiétude, il ne fallait pas que ce soit connu parce que ça allait ruiner son futur... si tout le monde savait ce qui lui était arrivé.

Il est important de rappeler que le « déshonneur », comme la situation de cette jeune fille victime d'un viol de son oncle qu'il faut absolument taire, peut avoir des répercussions sur elle, mais aussi sur l'ensemble des membres de la famille. Ce « déshonneur », s'il avait été découvert, aurait pu entraîner l'ostracisme de la jeune fille et de sa famille par la communauté d'appartenance tant les rôles sociaux et sexuels sont ancrés dans un schéma patriarcal, au détriment parfois du bien-être même de la victime d'un acte aussi grave qu'un viol. Au moment de l'intervention, il sera donc primordial de vérifier quelles sont les personnes aidantes qui pourront protéger effectivement la victime. Dans certain cas, la famille n'est pas protectrice, au contraire.

4.2. Les défis rencontrés face aux VBH à Moncton

L'analyse des données a révélé plusieurs défis importants en lien avec les VBH à Moncton, mais plus généralement par rapport à la violence familiale et conjugale faite aux femmes immigrantes au Nouveau-Brunswick. Le principal défi, comme il a d'ailleurs été soulevé plus haut, est certainement la méconnaissance de la problématique par les milieux de pratique. Au-delà de cet aspect fondamental, trois défis en particulier rendent la situation découverte encore plus précaire : le manque d'interprétariat professionnel ; le manque de ressources venant en aide aux femmes immigrantes victimes de violence ; et enfin l'accès au logement pour ces femmes dont la vulnérabilité est exacerbée.

Les femmes immigrantes apparaissent d'autant plus vulnérables qu'elles doivent parfois faire face à des barrières linguistiques et, en fonction de leur statut d'immigration, dont les droits diffèrent d'un statut à un autre, accroissent encore plus cette vulnérabilité, particulièrement à la violence familiale et conjugale. Au Nouveau-Brunswick, cette barrière linguistique est aggravée dû au contexte franco-minoritaire, mais aussi à la quasi-absence d'interprétariat, et surtout d'interprétariat professionnel de surcroît spécialisé dans les cas de violence familiale et conjugale (CMNB, 2019). Ces deux intervenantes nous font part des difficultés qu'elles rencontrent :

> On a beaucoup de difficulté dans leur langue, il y a toute la question de l'accès à l'interprétation dans la région de [Nom de la ville] qui peut être très compliqué, savoir comment trouver un interprète. Particulièrement où la démographie et l'ethnolinguistique est très limitée donc de trouver quelqu'un qui parle la même langue, mais qui ne connait pas nécessairement la famille ou n'a pas de lien direct donc, puis toute la question de l'anonymat, de la confidentialité, de la précision de l'interprétation, ou encore du professionnalisme, ajoute encore une barrière.
>
> J'ai une ligne téléphonique où je peux avoir accès à des interprètes par téléphone, mais ce n'est pas idéal, surtout dans une situation comme ça… les gens n'aiment pas la ligne téléphonique, souvent c'est quelqu'un qui parle un dialecte différent, ils ne les comprennent pas, ils deviennent frustrés avec la ligne, la ligne coupe, ce n'est pas un bon système ! Ça fait que dans certaines circonstances comme critiques, sévères, j'ai téléphoné à mes contacts à [Nom d'un organisme] pour dire : « est-ce qu'il y a une façon de m'envoyer quelqu'un pour m'aider ? » Parfois ça marche, parfois ils l'ont fait par téléphone, mais souvent je ne peux rejoindre personne…

Ce manque de service d'interprétariat peut mettre la sécurité des femmes en danger dans certains cas, soit parce qu'elles décident de ne plus se confier, soit quand elles entreprennent des démarches, le contenu des décisions n'est pas compris, voire celles-ci vont à l'encontre de leur situation comme nous l'explique cette intervenante communautaire :

> J'ai commencé à questionner un peu l'avocate sur des choses comme ça : « est-ce que le cas a réellement bien été décrit en cour ? Est-ce que ça a bien été interprété ? » Je commence à comprendre que, peut-être que sa situation ou ce qu'elle a divulguée, peut-être qu'elle n'a pas tout dit, peut-être qu'elle n'a pas tout compris ! Mais il semble qu'il manque un morceau là !

De surcroît, une femme immigrante, qu'elle ait un statut permanent de citoyenne ou de résidente permanente ou un statut temporaire ou précaire comme être parrainée, réfugiée, sans statut, n'aura pas les mêmes recours, ce qui accentue sa vulnérabilité à la violence interpersonnelle, dans la mesure où son conjoint, famille/belle-famille ou communauté peuvent exercer du pouvoir et du contrôle sur elle du fait de sa méconnaissance de ses droits ou des ressources disponibles pour lui venir en aide (Lamboley *et al.*, 2014). Là aussi, cette dimension est accentuée au Nouveau-Brunswick dans la mesure où il existe très peu de ressources spécifiques intervenant auprès des femmes immigrantes (CMNB, 2019). Cette intervenante se sent particulièrement démunie face aux situations auxquelles elle est confrontée et nous partage ce dont elle aurait besoin pour mieux intervenir auprès des femmes :

> J'aimerais avoir une équipe un petit peu plus grande ici qui ferait en sorte que, comme un guichet unique où, si quelqu'un vient me divulguer quelque chose, je n'ai pas besoin d'appeler trois personnes pour avoir un rendez-vous dans deux semaines ! Parce que, qu'on le veuille ou non, si quelqu'un est ici, que cette personne est en train m'avouer quelque chose, c'est ça notre fenêtre, faut la prendre tout de suite ! Ça fait que si je pouvais avoir plus de ressources, là, sur le coup, ça je pense que ça aiderait énormément ! Puis en ayant ça, peut-être que je serais plus ouverte à faire un peu plus qu'un dépistage en général… Mais quelquefois c'est ça, plus tu poses des questions, plus tu vas trouver de quoi… mais là, une fois que tu trouves de quoi, qu'est-ce tu fais avec ? Ça fait que des fois on n'ose pas, à moins que tu croies vraiment qu'il y a un problème, tu laisses passer des choses parce que même si ça aboutit à quelque chose, je ne peux rien faire avec !

Cette fragilité au niveau des services d'aide se trouve exacerbée par d'autres obstacles structurels comme la difficulté d'accéder à un logement pour ces femmes et leurs enfants, à un emploi, à la justice ou encore à un soutien financier. Autant d'éléments qui permettraient à ces femmes d'assurer, à tout le moins, leur survie et leur sécurité. À Moncton plus particulièrement, l'accès à un logement abordable, sécuritaire et salubre, pour les femmes en particulier, comporte de nombreuses lacunes (Calhoun Recherche et Développement, 2014 ; Ville de Moncton, 2019[4]) et soulève

---

[4] https://www5.moncton.ca/docs/Plan_mise_en_oeuvre_logement_abordable.PDF.

par le fait, l'inquiétude des organismes communautaires et institutionnels œuvrant auprès des personnes plus vulnérables, dont les femmes immigrantes et racisées font partie. La situation est d'autant plus précaire lorsque ces femmes sont monoparentales avec un ou plusieurs enfants, des édifices à logement refusant la présence d'enfants, sans compter la discrimination et le racisme, parfois à peine voilé, auxquels elles doivent faire face de la part de certain·e·s propriétaires de logement. Ces multiples obstacles entravent la capacité des femmes immigrantes à chercher de l'aide comme l'indique cette intervenante :

> Y'a beaucoup de femmes [immigrantes] qui sont encore dans des situations très précaires… elles n'ont pas la langue, elles n'ont pas d'emploi, le logement est très instable… Alors elles n'ont pas la capacité même de penser à sortir de cette situation-là.

Certaines ressources comme le Carrefour pour femmes à Moncton, qui vient en aide aux femmes et enfants de la crise à l'autonomie en fournissant un logement sécuritaire, de l'éducation, du « counselling » et de l'appui, font face davantage à une population de femmes immigrantes. Leurs intervenantes sont formées en intervention interculturelle, ce qui n'est pas le cas pour une majorité des ressources, refuges pour femmes victimes de violence familiale et conjugale. Pourtant, aux dires des intervenant·e·s rencontrées, ces formations en intervention interculturelle, et aussi sur la violence faite aux femmes immigrantes et aux VBH seraient essentielles pour comprendre les besoins des femmes, mais aussi pour tenter d'y répondre le cas échéant.

4.3. *L'art-thérapie ou l'art de la résilience : Un regard sur la relation thérapeutique avec une jeune femme syrienne, réfugiée, transgenre, ayant vécu plusieurs formes de VBH*

En 2017, le Centre d'accueil et d'accompagnement francophone des immigrants du Sud-Est du Nouveau-Brunswick (CAFi) a démarré un projet-pilote d'art-thérapie[5] afin d'atténuer les chocs culturels et les symptômes de stress post-traumatiques observés par l'équipe d'établissement. Ce programme, toujours existant, offre des rencontres individuelles axées sur les besoins immédiats des clients immigrants ou réfugiés et des rencontres de groupe. En plus d'offrir un soutien émotionnel et psychologique, un des objectifs du programme est la prévention de la violence envers les femmes immigrantes.

Rose, 17 ans, cette jeune femme syrienne transgenre présentée ci-haut, participe au programme d'art-thérapie depuis 2018. Référée par des membres de sa famille, elle ne s'est pas présentée pour sa première rencontre car elle a fait une tentative de suicide. Rose cumule de nombreux traumas : survivante/réfugiée de la guerre en Syrie, victime de VBH, en plus d'être victime d'intimidation dans l'école qu'elle fréquente. L'espace thérapeutique du CAFi a servi d'endroit sûr afin de régler les conflits interpersonnels avec les membres de sa famille/communauté en l'appuyant dans ses démarches juridiques, en plaidant pour l'accès à un logement sécuritaire alors qu'elle n'est pas encore majeure[6] et en facilitant le partage d'informations liées à la communauté LGBTQ+.

En 2019, Rose a participé comme « jeune en action » au programme Dialogue+ organisé par Actions interculturelles[7], un organisme qui milite contre la discrimination ethnique et raciale. En plus de créer une œuvre personnelle sur la thématique de l'identité, le pouvoir et le privilège dans le cadre d'une exposition collective, Des histoires dans des histoires, chapeautée par le programme d'art-thérapie du CAFi, elle a exposé une œuvre intime au forum

---

[5] L'art-thérapie combine le processus créatif et la psychothérapie, facilitant l'auto-exploration et la compréhension. En utilisant l'imagerie, la couleur et la forme dans le cadre de ce processus thérapeutique créatif, on peut exprimer des pensées et des sentiments qui autrement seraient difficiles à articuler.

[6] La majorité est établie à 19 ans au Nouveau-Brunswick.

[7] https://www.aide.org/ Consulté le 3 juin 2021

public de Dialogue + intitulée : *I am Trans I am Beautiful/ Je suis belle, je suis trans.*

Cette œuvre, réalisée pendant les rencontres d'art-thérapie, témoigne de sa transition et ses premières expériences comme jeune trans au Canada. Dans le montage artistique, on pouvait voir regroupés des objets personnels tels que la première robe qu'elle a portée, les premiers vernis et fond de teint qu'elle a appliqués et les premiers stilettos qu'elle a enfilés. Aussi, un moulage de son visage et ses mains modifiés soulignaient la transformation identitaire et une célébration de la transidentité. À la suite du forum, les élèves intimidateurs ont cessé leurs actes de harcèlement liés à la transphobie.

Le programme d'art-thérapie a permis l'exploration du vécu traumatique à travers les arts et l'intégration de sa nouvelle identité transgenre. Un élément clé, qui a certes influencé la jeune Rose, est l'aiguillage à travers le programme d'art-thérapie vers la communauté de soutien UBU Atlantique[8], un groupe de soutien et d'action transgenres de Moncton. Les échanges avec la communauté d'accueil transgenre ont rendu l'intégration plus confortable et lui ont offert une confiance dans la société. Parallèlement, dans sa création, Rose a acquis des nouvelles habilités d'adaptation positive en s'ancrant dans le présent et en pratiquant la pleine conscience. À travers l'art, elle a pu faire croitre sa résilience et trouver le courage de militer contre la transphobie en participant activement à cette cause de justice sociale. Cette année, elle entame sa dernière année au secondaire, entreprend l'apprentissage d'une troisième langue, vient de réussir son permis de conduire et envisage de faire des études en travail social. Alors qu'elle a été exclue par sa famille, notamment ses frères, et qu'elle a dû vivre seule en appartement, elle recommence doucement à renouer des liens avec sa famille immédiate, en particulier sa mère et sa sœur.

5. Recommandations aux professionnel·le·s

Le Nouveau-Brunswick a une population immigrante grandissante, dont les femmes parfois victimes de violence et plus spécifiquement victimes de VBH font partie. La demande pour des services essentiels l'est alors tout autant, changeant aussi la nature de ceux-ci. À l'heure actuelle, dû au manque d'interprètes professionnels, formés et encadrés, de services spécialisés et des multiples barrières structurelles, les besoins de ces femmes ne sont pas rencontrés alors que leur survie, leur sécurité et leur santé en dépendent. Comme nous l'avons vu au cours de ce chapitre, les VBH sont une problématique multidimensionnelle, intersectionnelle et complexe,

---

[8] https://www.facebook.com/ubuatlantic/, consulté le 25 novembre 2021

qui touche tout particulièrement les femmes non seulement dans les différentes sphères de leur vie et développement, mais aussi leur communauté et la société plus largement. Hassan *et al.*, (2017) ont produit plusieurs formations et guides en lien avec les VBH[9]. Plusieurs recommandations, détaillées ci-après, sont d'actualité dans le contexte néo-brunswickois. En effet, comme l'ont d'ailleurs déjà mis de l'avant Lamboley *et al.* (2014) et Jimenez *et al.* (2017), dans un premier temps, il est nécessaire de mieux comprendre pour mieux intervenir. Une meilleure compréhension commence par le nécessaire exercice de s'entendre sur une définition commune de la violence basée sur l'honneur entre les partenaires et les différents milieux de pratique. Pour ce faire, comme cela a d'ailleurs commencé, des efforts de sensibilisation, formation et prévention en ayant une approche globale de la définition des VBH et en favorisant les formations dans les milieux de pratique qui les touchent (maisons d'hébergement, écoles, services de santé, organismes communautaires, etc.) doivent être mis en place de façon plus systématique. Même si la création du groupe de travail sur la violence faite aux femmes immigrantes à Moncton favorise la concertation et le partenariat, il est toujours possible d'optimiser la complémentarité des services et de soutenir les intervenant·e·s qui œuvrent dans les organismes tant communautaires qu'institutionnels. Il s'agit donc de mettre en place une approche intégrée, concertée et intersectionnelle entre les différents milieux susceptibles d'apporter de l'aide ou de l'information. L'objectif serait d'offrir des services adaptés aux besoins de ces femmes, et notamment des ressources d'hébergement dans des milieux plus structurés où la prise en charge et ensuite le suivi s'effectuent sur une plus longue durée. La promotion de l'intervention interculturelle permet également d'adopter une approche antiraciste et anti-oppressive. Ensuite, il serait tout à fait pertinent de documenter les bonnes pratiques mises en place et qui ont donné un succès, comme les ateliers d'art-thérapie qui

---

[9] https://sherpa-recherche.com/formations/genre-sexualite/, consulté le 8 décembre 2021

permettent aux femmes immigrantes qui ne maitrisent pas encore la langue de pouvoir s'exprimer à travers l'art. En ce qui a trait à l'évaluation des situations de violences basées sur l'honneur, même si des outils exploratoires existent, le jugement clinique et la relation de confiance entre l'intervenant et son client demeurent au cœur de tout bon plan d'évaluation et d'intervention. En ce qui a trait à l'intervention auprès des femmes/filles, il serait avant tout important ne serait-ce que de consolider les services de soutien offerts aux femmes immigrantes victimes de violence conjugale. Il parait alors prioritaire de créer un réseau de services pour un soutien à moyen et long terme pour les jeunes femmes/filles qui décident de quitter leur conjoint/famille afin de bâtir un réseau social, souvent perdu lors de l'immigration ou du simple fait d'avoir demandé de l'aide, mais aussi de développer un filet de sécurité avec des intervenantes de façon continue comme cela a pu être le cas pour Rose. C'est pourquoi, la création d'espaces sécuritaires, comme le service d'art-thérapie mis en œuvre par le CAFi, est primordiale pour permettre aux femmes/filles de pouvoir se rencontrer et échanger entre elles sur leurs préoccupations et besoins. En ce sens, l'intervention sur les VBH ne doit pas nécessairement être spécifique, mais demande à être adaptée, au cas par cas, aux multiples besoins de chaque femme en fonction de son identité, de son parcours, et de sa position dans la société. À plus long terme, il s'agit de travailler auprès des familles pour les sensibiliser sur des thématiques liées à la violence, à la gestion des conflits intergénérationnels, à la communication, etc. Il est aussi primordial d'informer et d'outiller les familles sur les services, les ressources et les lois en matière de droits des femmes, de droits des enfants, ainsi que les lois sur l'immigration. Au Nouveau-Brunswick, comme ailleurs au Canada, la traduction/interprétation est souvent faite de manière informelle pour répondre aux besoins grandissants alors qu'il y aurait tout avantage à ce que ces activités soient encadrées, organisées et reconnues. Un meilleur accompagnement linguistique permettrait certainement aux personnes immigrantes et, notamment, aux femmes victimes de violence basée sur l'honneur ou non, de faire valoir leurs droits et d'avoir un meilleur accès aux services offerts. Il s'agit par la suite de rendre accessible l'information par des outils multilingues sur les droits des femmes/filles et les ressources d'aide pour l'ensemble des membres. Enfin, comme nous l'avons vu dans l'analyse, il serait également indispensable de développer des actions de sensibilisation afin de réduire les barrières systémiques et d'augmenter l'accessibilité aux services.

Conclusion

La méconnaissance et l'incompréhension des besoins particuliers des femmes immigrantes victimes/survivantes de VBH créent des zones de vulnérabilité importantes, en plus de créer des situations d'injustice, des discriminations multiples voire systémiques, des situations de rejet, d'exclusion, de racisme ou, comme dans le cas de Rose, de transphobie. Ce sont autant de barrières structurelles, interculturelles et même intraculturelles à leur intégration dans la société d'accueil. Toutefois, nos travaux précédents sur cette réalité des VBH montrent aussi à quel point, lorsque les femmes ont accès aux services, aux ressources, à l'information, elles peuvent être très résilientes (Lamboley, 2016).

Nous sommes conscientes des limites qu'impose notre recherche, au vu, entre autres de la taille de notre échantillon. Il est impossible de généraliser ces résultats à l'expérience de l'ensemble de femmes victimes/survivantes de VBH et à l'expérience de l'ensemble des intervenantes. Cette recherche se voulait avant tout exploratoire, en voulant mettre à jour une problématique encore méconnue et taboue à Moncton et au Nouveau-Brunswick. Maintenant que celle-ci est mise à jour, une étude de plus grande envergure et à plus large spectre pourrait être menée afin de mettre en place des solutions adaptées à la réalité de cette province aux enjeux particuliers.

Références

- Bals, M. (2007). « La violence dans tous ses états ». Éditorial. *Reflets*, 13 : 10-15.
- Bendriss, N. (2008). *Rapport sur la pratique des mariages forcés au Canada : entrevues avec des intervenant(e)s de première ligne. Une recherche exploratoire menée à Montréal et à Toronto en 2008* (No. J4-22/2013-F-PDF). Présenté à la Section de la famille, des enfants et des adolescents, ministère de la Justice Canada. Récupéré de http://www.justice.gc.ca/fra/pr-rp/jpcj/vf-fv/mf-fm/mf_fra.pdf.
- Bilge, S. (2010). « De l'analogie à l'articulation : théoriser la différenciation sociale et l'inégalité complexe ». *L'Homme et la Société*, 2(176-177) : 43-64.
- Carbonneau, J. (2005). *Violence conjugale, des spécialistes se prononcent.* Montréal, Remue-Ménage.
- Conseil multiculturel du Nouveau-Brunswick. Projet sur les femmes immigrantes. https://nbmc-cmnb.ca/fr/program/projet-sur-les-femmes-immigrantes/.
- Conseil multiculturel du Nouveau-Brunswick. Projet sur les femmes immigrantes : Impacts. https://nbmc-cmnb.ca/fr/projet-sur-les-femmes-immigrantes-impact/.
- Cohen-Emerique, M. (1989). *L'approche interculturelle auprès des migrants. Dans Chocs de cultures : concepts et enjeux pratiques de l'interculturel*, Paris, L'Harmattan.
- Cohen-Emerique, M. (1993). « L'approche interculturelle dans le processus d'aide ». *Santé mentale au Québec*, 18(1), 71-91.
- Corbeil, C. et Marchand, I. (2006). « Penser l'intervention féministe à l'aune de l'approche intersectionnelle : défis et enjeux ». *Nouvelles pratiques sociales*, 19(1) : 40-57.
- Eid, P. (2007). « Le rapport entre genre et ethnicité dans les constructions identitaires de la deuxième génération d'origine arabe au Québec ». Dans Potvin, M., Eid, P. et Venel, N. (dirs) *La 2ᵉ génération issue de l'immigration : Une comparaison France-Québec.* Outremont, Athéna : 215-237.

- El-Hage, H. et Lee, E. J. (2016). « LGBTQ racisés : frontières identitaires et barrières structurelles ». *Alterstice*, 6(2) : 13–27.
- Hassan, G., Lamboley, M. et Jimenez, E. (2017*). Les violences basées sur l'honneur. Séminaire de formation en interculturel – Interculturel 4, Manuel de formation.* Institut universitaire SHERPA – CIUSSS du Centre-Ouest-de-l'Ile-de-Montréal.
- Institut canadien de recherches sur les femmes (ICREF). (2007). *Faire de la recherche avec les cadres d'analyse féministe intersectionnelle… pour saisir la complexité de la vie des femmes*, Document de travail de l'ICREF, 1re édition, juin 2007.
- Jimenez, E., Cousineau, M. M., Tanguay, È. M., et Arcand, J. (2017). « Les violences basées sur l'honneur au Canada et au Québec : Renforcement des lois afin de venir en aide aux victimes ». *Criminologie*, 50(2), 145-166.
- Kamateros, M. et Nahabedian, S. (2016). « La violence basée sur l'honneur : mythe ou réalité » dans *Les Cahiers de PV*, 10 : 45-53.
- Lamboley, M., Jimenez, E., Cousineau, M. M., et Pontel, M. (2014). « L'approche intersectionnelle pour mieux comprendre le mariage forcé de femmes immigrantes à Montréal ». *Nouvelles pratiques sociales*, 26(2) : 127-141.
- Lamboley, M. (2016). *Le mariage forcé de femmes immigrantes au Québec.* Thèse de doctorat inédite. Université de Montréal.
- Lamboley, M. et Pelland, M.-A., Goguen, C. (accepté). « Gardiennes de l'honneur : Le rôle de femmes ». *Revue Criminologie*, 55(1), printemps 2022.
- McClam, T. et Woodside, M. (2005). *An introduction to human services: Cases and applications.* Pacific Grove, CA: Brooks/Cole.
- Ono, E. (2013). « Violence Against Racially Minoritized Women: Implications for Social Work ». *Journal of Women and Social Work*, 28(4) : 458-467.
- Pearce, S. C. et Sokoloff, N.J. (2013). « This Should Not Be Happening in This Country: Private-Life Violence and Immigration Intersections in a U.S. Gateway City ». *Sociological Forum*, 28(4) : 784-810.
- Pontel, M. et Demczuk, I. (2007). *Répondre aux besoins des femmes immigrantes et des communautés culturelles. Les défis de l'adaptation*

*des services en violence conjug*ale. Coproduction de la Fédération de ressources d'hébergement pour femmes violentées et en difficulté du Québec, de la Table de concertation en violence conjugale de Montréal et du Protocole UQAM-Relais-femmes du Service aux collectivités de l'UQAM. En collaboration avec le Bouclier d'Athéna services familiaux.

- Rojas-Viger, C. (2007). « Perception d'intervenants-es des réseaux institutionnel et communautaire à l'égard des programmes visant à contrer la violence conjugale chez les femmes immigrantes ». *Collection Études et Analyses du Centre de recherche interdisciplinaire sur la violence familiale et la violence faite aux femmes* 38.

- Sall, L. (2021). L'Acadie du Nouveau-Brunswick et « ces » immigrants francophones. Entre incomplétude institutionnelle et accueil symbolique. Québec : Presses de l'Université Laval.

- Tourki, D., Ou Jin Lee, E., Baril, A., Hébert, W., et Pullen Sansfaçon, A. (2018). « Au-delà des apparences : analyse intersectionnelle de vécus de jeunes trans migrants et racisés au Québec ». *Revue Jeunes et société*, 3(1) : 133-153.

- Verbunt, G. (2004). *La question interculturelle dans le travail social. Repères et perspectives.* Collection Alternatives Sociales. Paris, La Découverte.

L'analyse intersectionnelle des pratiques en maison d'hébergement auprès des femmes immigrantes victimes de violence conjugale

Sastal Castro Zavala
Professeure à l'Université du Québec à Rimouski (UQAR)

Introduction

Au Québec, les maisons d'hébergement pour femmes victimes de violence conjugale (FVVC) se sont développées au milieu des années 1970. Ces ressources, mises sur pied majoritairement par des féministes, sont reconnues par le gouvernement comme étant responsables de fournir des services d'hébergement aux femmes victimes de violence conjugale. En 2018, l'enquête sur les établissements d'hébergement pour les victimes de violence a dénombré 552 établissements au Canada, dont 124 au Québec (Moreau, 2019). Les services offerts par les maisons d'hébergement privilégient l'approche féministe et sont principalement de trois types : services internes, externes et de sensibilisation (Castro Zavala, 2020). Depuis leur création, ces organismes et les profils des femmes accueillies se sont transformés. Les résultats d'une recherche sur l'évolution des pratiques en maison d'hébergement au Québec concluent que le financement de l'État a eu des répercussions positives sur l'offre de services, entre autres, et qu'il a permis de garantir la continuité des services de qualité. Toutefois, il a eu comme conséquence la perte de militantisme, la néolibéralisation des pratiques et la dépendance des maisons envers l'État (Côté, 2016).

Concernant le profil des femmes présentes dans ces services, les femmes immigrantes sont de plus en plus nombreuses. Des organismes regroupant des maisons d'hébergement du Québec, dont le Regroupement[1] et la Fédération[2], constatent depuis quelques années la présence grandissante de femmes immigrantes dans leurs ressources (FMHF, 2015 ; RMFVVC, 2014). Elles sont passées de 18 % en 2010-2011 à 21,5 % en 2014-2015 (FMHF, 2015). La présence de ces femmes varie d'une région à l'autre. Les maisons de certaines régions – dont Montréal, Laval, Gatineau et la région de l'Estrie – sont plus nombreuses à recevoir des femmes immigrantes. Dans certaines maisons, leur présence varie entre 40 % et 100 % (FMHF, 2015 ; RMFVVC, 2014). Le profil de ces femmes est de plus en plus diversifié en ce qui a trait à leur origine, leur langue parlée, leur appartenance à un groupe racisé et leur statut d'immigration. Selon la dernière enquête canadienne sur les séjours en refuge pour cause de violence conjugale, les femmes ayant un statut d'immigration précaire[3] et celles qui ne parlent ni l'anglais ni

---

[1] Regroupement des maisons pour femmes victimes de violence conjugale.
[2] Fédération des maisons d'hébergement pour femmes.
[3] Selon Castro Zavala (2020), « ce statut est caractérisé par une incertitude pour la femme quant à la possibilité de rester dans le pays de manière permanente,

le français sont surreprésentées (Moreau, 2019). Cette diversification des profils amène les organismes à se questionner sur les enjeux de l'adaptation et de l'inclusion des femmes immigrantes victimes de violence conjugale (FIVVC) au sein de leurs services (FMHF, 2015 ; RMFVVC, 2014).

Des recherches réalisées au Québec auprès des intervenantes des organismes spécialisés en violence conjugale identifient des besoins d'adaptation des services et d'intégration de nouvelles perspectives qui considèrent la complexité des vécus des femmes (Castro Zavala, 2020 ; FMHF, 2015 ; Marchand et Ricci, 2010 ; Oxman-Martinez et Krane, 2005 ; Rinfret-Raynor et al., 2013). La perspective intersectionnelle (PI) permet de rendre compte de cette complexité car elle considère les intersections des catégories sociales d'appartenance des femmes (ex. : « race », âge, ethnie, langue, statut d'immigration) et des systèmes d'oppression (racisme, discrimination, colonialisme, capitalisme) qui les vulnérabilisent davantage face à la violence conjugale. Ces intersections s'inscrivent, sur les plans macrosocial et microsocial, dans la continuité du processus migratoire[4] des femmes. Certaines d'entre elles, en plus de vivre les conséquences du système patriarcal, sont placées dans des positions qui les empêchent de participer pleinement à la société d'accueil, par exemple, lorsque leur statut d'immigration entrave l'accès à certains programmes ou services (Bhuyan et Smith-Carrier, 2010) ou lorsqu'elles ne parlent aucune des langues officielles. D'autres femmes sont stigmatisées par des discours sociaux, présents dans la société d'accueil, qui les

---

et il alimente la crainte d'être expulsée du pays de manière temporaire ou définitive » (p. 31). Ces statuts créent des liens de dépendance envers un membre de la famille (par exemple, le conjoint) ou un employeur. Ces statuts limitent l'accès à certains droits, services et programmes sociaux.

[4] Le processus migratoire fait référence à « l'ensemble des phénomènes, émotifs et physiques, affectant un individu à partir du moment où il prend la décision de migrer jusqu'à son adaptation dans son nouveau pays » (Legault et Fronteau, 2008 : 44). Ce processus implique trois contextes : prémigratoire, migratoire et postmigratoire (*idem*).

représentent comme étant des « victimes passives » de leur culture et de leur communauté.

Ce chapitre présente, à partir des résultats de notre recherche, une application concrète de la PI pour l'analyse de pratiques d'intervention en maison d'hébergement auprès des FIVVC (Castro Zavala, 2020). Dans un premier temps, nous abordons brièvement le contexte de la recherche et les caractéristiques des pratiques des maisons d'hébergement. Dans un deuxième temps, nous proposons un outil d'analyse à partir de la grille d'analyse des rapports de pouvoir proposée par Collins (Collins, 2016 ; Collins et Bilge, 2020) et des résultats de notre recherche. Finalement, nous partageons quelques questions de réflexion et des stratégies à mettre en place afin de favoriser des pratiques inclusives et adaptées aux FIVVC. Cette proposition rejoint d'autres projets développés par plusieurs organismes communautaires féministes québécois abordant les enjeux et les défis de la mise en place de pratiques d'inclusion et de justice auprès des femmes vivant des oppressions multiples (Anctil Avoine *et al.*, 2019 ; Flynn *et al.*, 2019 ; FMHF, 2015 ; Corbeil, Harper, Marchand, Fédération des maisons d'hébergement pour femmes et Le Gresley, 2018 ; Lacharité et Pasquier, 2014 ; Le Gresley, 2018 ; Pagé et Pires, 2015).

1. Contexte de la recherche

La recherche, qualitative et exploratoire, visait à explorer, à partir de la perspective intersectionnelle, les manières dont les intervenantes des maisons d'hébergement du Québec analysent les expériences vécues par les FIVVC et interviennent auprès d'elles. L'échantillon diversifié (âges, expériences, origines et régions) était composé de 33 intervenantes de maisons d'hébergement de quatre régions du Québec (Montréal, Québec, Sherbrooke et Gatineau). Ces intervenantes ont participé à cinq groupes focalisés. La majorité des participantes travaillait dans des maisons membres de la Fédération des maisons d'hébergement pour femmes et du Regroupement des maisons pour femmes victimes, organismes utilisant une approche féministe. Trois intervenantes sur dix travaillaient dans des maisons spécialisées en intervention auprès des femmes immigrantes et trois sur dix étaient d'origine immigrante.

Pour la collecte de données, nous avons utilisé des groupes focalisés, soutenus par une vignette clinique et un guide d'entrevue. Cette vignette, qui raconte l'histoire d'une femme immigrante « racisée » victime de violence conjugale, a été construite avec l'aide de quatre expertes du milieu de la recherche et de l'intervention. Les intervenantes étaient encouragées à partager leurs expériences d'intervention, au-delà de la vignette. Les questions qui ont guidé les groupes focalisés exploraient les pratiques d'intervention privilégiées auprès de ces femmes, les obstacles et difficultés rencontrées lors de l'intervention auprès d'elles, ainsi que les facteurs ou éléments facilitant l'intervention. Les spécificités de l'intervention auprès de ces femmes ont aussi été explorées.

Au moment de la collecte de données (2010-2012), la perspective intersectionnelle était peu connue par les intervenantes participant à la recherche. Depuis, le RMFVVC et la FMHF ont mis en place des projets et des stratégies afin d'intégrer cette perspective dans l'analyse et l'intervention (Flynn *et al.*, 2019 ; FMHF, 2015 ; Corbeil *et al.*, 2018 ; RMFVVC, 2014). Notre proposition d'application de la grille d'analyse intersectionnelle s'inscrit dans un contexte spécifique des pratiques en maison d'hébergement auprès des FIVVC. Ces pratiques se caractérisent par une approche féministe en milieu de vie. Ce contexte offre des possibilités de jumeler des interventions individuelles et de groupe, formelles (structurées) et informelles, dans les différents espaces d'hébergement (bureaux, cuisine, salle à manger, salle de jeux, etc.). Ce milieu favorise un sentiment d'appartenance entre les femmes hébergées et les intervenantes (Corbeil *et al.*, 2018), mais il peut aussi être une source de malentendus ou de conflits, en raison des rapports de pouvoir inégaux et des incompréhensions culturelles à l'intérieur des ressources. D'autres types de pratiques sont présents dans ces ressources, notamment la concertation avec d'autres acteurs des différents milieux et la défense des droits. Les deux regroupements provinciaux jouent un rôle central dans la défense collective des droits des femmes victimes et des maisons d'hébergement. Depuis le début de la pandémie (Covid-19), ces organismes ont joué un rôle central dans la reconnaissance des maisons d'hébergement comme services essentiels et dans la revendication d'un financement pour adapter les services à ce contexte.

2. Une analyse intersectionnelle des oppressions et des pratiques : l'intervention en maison d'hébergement

Patricia Hill Collins propose une grille d'analyse qui considère quatre domaines de pouvoir à travers lesquels les oppressions se concrétisent : structurel, hégémonique (ou culturel), disciplinaire et interpersonnel (Collins, 2016 ; Collins et Bilge, 2020). Cette grille nous permet d'expliquer de façon concrète comment les quatre domaines du pouvoir traversent les pratiques des intervenantes auprès des FIVVC.

2.1 Domaine structurel

Le **domaine structurel** comprend les systèmes sociaux avec les lois et les politiques qui créent ou maintiennent des inégalités et des injustices sociales envers certains groupes. Certaines femmes pourront être exclues en raison de leur appartenance à un groupe racisé, de leur statut d'immigration, de leur âge, de leur identité sexuelle ou de leur classe sociale, entre autres. Des intervenantes rencontrées dans la recherche identifient des systèmes d'oppression présents dans la société, tels que le racisme systémique, le capitalisme et le colonialisme, qui façonnent la vie des femmes et des enfants victimes de violence conjugale (VVC).

> Il y a le racisme, la discrimination… la difficulté de faire reconnaitre ses diplômes, tout ça, c'est toute de l'oppression… Dans ces cas-là, tu as l'impression que ces personnes subissent tout ça

à l'extérieur du foyer... Ça peut être difficile de les convaincre que l'oppression qu'elles subissent au foyer est pire. (Juliette)

Elle est déjà marginalisée par le fait que : un, elle est femme ; deux, elle est mère ; trois, elle est noire. Du racisme dans la société, ça peut faire en sorte de se dire : « je ne veux pas quitter mon conjoint parce que moi je ne suis pas une femme blanche qui a la société de mon côté, je suis une femme noire. Donc, je vais rester avec mon conjoint parce que c'est mon seul repère. Si je quitte mon conjoint, je n'ai pas ma communauté pour m'appuyer parce que c'est mal vu le divorce »... (Megane)

Les politiques sociales (domaine structurel), telles que la politique d'immigration, déterminent les droits des femmes et leur accès aux ressources. Ces politiques peuvent favoriser des pratiques discriminatoires envers les FIVVC, qui les excluent des services. Le travail militant des maisons d'hébergement est essentiel dans la revendication des changements majeurs des lois et politiques qui maintiennent les inégalités entre les hommes et les femmes, en vulnérabilisant davantage certaines d'entre elles. Les regroupements provinciaux jouent ce rôle face aux instances gouvernementales.

Concernant le domaine structurel, il y a lieu de se questionner : quelles politiques affectent nos pratiques de façon directe ou indirecte (ex. : la politique d'immigration, la politique en violence conjugale) ? Quelles politiques d'immigration vulnérabilisent les FIVVC, surtout celles avec un statut précaire (ex. : le parrainage) ? Comment notre organisme s'implique-t-il dans le changement social des lois et des politiques qui touchent certains groupes de femmes afin d'améliorer leurs conditions et leur accès aux ressources ?

Concernant les collaborations et la défense collective des droits, quels types de partenariats et de concertations établissons-nous pour faire avancer la cause des femmes, notamment des femmes immigrantes et racisées ? Sur quelles tables de concertation et à quels comités de travail participons-nous pour atteindre ce but ? Quels types de revendications sont visés dans ces rencontres ? À quels types de rassemblements, de manifestations participons-nous ?

Dans le contexte d'intervention individuelle et de groupe, dans quelle mesure nos interventions considèrent-elles les oppressions liées au domaine structurel vécues par les femmes avec lesquelles nous intervenons (ex. : le racisme systémique, le sexisme dans les politiques d'immigration, le néolibéralisme des politiques et des programmes d'aide) ? Quels sont les « angles morts » de notre analyse sociale de la violence conjugale ? Quelles femmes sont exclues dans nos analyses ou s'identifient moins avec ce type d'analyse ?

Stratégies pour intégrer une analyse intersectionnelle : domaine structurel

- **Faire alliance** avec des groupes de femmes « d'ici » et « d'ailleurs » pour construire un **militantisme inclusif**.
- Favoriser la construction de **points de vue situés ou collectifs** à l'intérieur du mouvement féministe et des organismes de lutte contre la violence conjugale. Ces points de vue pourront mettre en lumière les circonstances matérielles et les effets concrets des oppressions sur certaines femmes, en raison de leur appartenance à un statut d'immigration précaire, à leur âge, à leur langue, etc.
- Travailler en **concertation avec des organismes dans le domaine de l'immigration et de la violence conjugale** pour favoriser des changements sociaux (lois, politiques), afin de mieux protéger les FIVVC.
- **Participer à des recherches** qui pourront apporter des connaissances sur la complexité des oppressions vécues par les femmes, notamment les FIVVC.
- **Créer des outils** qui permettent d'intégrer une analyse de la violence conjugale, qui considèrent les oppressions multiples des femmes.

2.2. Domaine hégémonique

Le **domaine hégémonique** (ou culturel) concerne l'aspect symbolique des discours et des idéologies véhiculés socialement, qui justifient les inégalités (Harper, 2012). Des discours véhiculés au Québec sur la violence conjugale, sur les acteurs concernés et sur les services qui leur sont adressés traversent les pratiques des intervenantes. Certaines intervenantes identifient certains discours contradictoires, du réseau institutionnel et communautaire, concernant la problématique et rendant difficile la collaboration entre les ressources.

> On l'a vu écrit dans un rapport dernièrement… « On sait que les maisons d'hébergement… crinquent les femmes ». La madame de la DPJ avait écrit ça dans son rapport. Et tu es là, tu es l'intervenant et l'autre [intervenante de la DPJ] ne t'a jamais parlé, mais elle te juge gros de même. Il lui a cassé un bras, mais « il ne voulait pas vraiment lui faire mal », c'est ça qui est écrit dans le rapport de la DPJ. Tu te bats des fois pour faire reconnaître les choses pour la femme. Mais, au niveau social et politique, on présente encore ça comme un drame conjugal… Il y a encore un gros, gros travail à faire au niveau politique et au niveau médiatique, surtout. (Emma)

Les discours sociaux sur les femmes immigrantes et racisées, présents dans la société d'accueil et dans les ressources, nourrissent une représentation des femmes comme étant des victimes passives des structures sociales et culturelles (ex. : famille et religion), incapables de résister aux oppressions. Ce type de discours nie l'agentivité des femmes et favorise des pratiques qui les revictimisent.

> Tu sais, la religion ça peut être malsain aussi, parce qu'il y a des religions pour lesquelles la violence conjugale est acceptable, que l'homme prend le pouvoir […] Moi, je vois souvent des femmes dont la communauté religieuse, le pasteur prend beaucoup de place… [L'intervenante parle comme si c'était la femme] « Je vais discuter avec le pasteur puis, dépendamment de ce qu'il va dire, je prendrai ma décision si je divorce ou non. » (Nancy)

> Elle peut avoir toute la bonne volonté du monde, elle peut négocier avec sa mère, mais elle ne peut pas négocier avec son père. Parce que le rôle du patriarche, le rôle du père dans la famille, c'est comme un dieu […] Pendant qu'elle va enclencher ces procédures-là [en parlant de la séparation ou du divorce], sa mère va essayer de la convaincre… quand on va voir que ça ne marche pas, il [le père] va prendre le téléphone et donner le mot d'ordre : « il faut que tu rentres chez ton mari », elle plie ses bagages et elle va rentrer chez son mari… (Janet)

Concernant le domaine hégémonique, nous pourrions poser les questions suivantes : quels types de discours sociaux hégémoniques privilégions-nous dans l'analyse de la violence conjugale et dans l'intervention auprès des femmes reçues dans nos services ? Comment contribuons-nous à nourrir des discours hégémoniques et des stéréotypes sur certaines femmes immigrantes (ex. : en les plaçant comme des victimes passives de leur culture, de leur religion, de leur famille et de leur communauté) ? Quels outils d'intervention pouvons-nous développer ou avons-nous déjà développé pour mettre en lumière l'agentivité des femmes et leurs stratégies pour faire face aux multiples contraintes ? Quels concepts, valeurs et principes privilégions-nous dans nos interventions (ex. : l'autonomisation, le choix individuel, l'indépendance) ? Comment nous assurons-nous que ces concepts, principes et valeurs prennent en considération les vécus des femmes avec lesquelles nous travaillons ?

> *Stratégies pour intégrer une analyse intersectionnelle : domaine hégémonique*
>
> - **Faire de la sensibilisation** auprès des intervenantes des différents milieux sur les discours hégémoniques et leurs impacts sur les femmes.
> - Réaliser des **interventions de groupe et collectives** (formelles et informelles) pour sensibiliser les femmes sur les discours hégémoniques présents dans la société et qui ont un impact sur leur vie, par exemple, sur les discours véhiculés sur les femmes victimes de violence conjugale et sur les femmes immigrantes et racisées.
> - **Développer des projets** collectifs afin de construire des discours alternatifs sur l'agentivité des FIVVC, qui combattent les préjugés sur ces femmes.
> - Sur le plan organisationnel : **analyser les valeurs et les principes ethnocentristes** présents dans nos pratiques.

2.3. Domaine disciplinaire

Le **domaine disciplinaire** comprend les façons dont les relations de pouvoir « sont gérées à travers la structure et le fonctionnement des organisations et institutions » (Collins et Harper, 2012 : 7), c'est-à-dire la manière dont les institutions et les organismes interprètent et appliquent les lois, les politiques et les règlements auprès des personnes. Les intervenantes des maisons d'hébergement jouent un rôle important comme médiatrices des rapports de pouvoir entre le système plus large (domaine structurel) et les femmes, afin de maximiser leurs droits et d'atténuer les effets néfastes de certaines lois, notamment la loi d'immigration (Bhuyan et Smith-Carrier, 2010). Les intervenantes font appel au « pouvoir discrétionnaire » des agent·e·s d'immigration et des intervenant·e·s afin de revendiquer les droits des femmes avec un statut d'immigration précaire.

> Si elle n'a pas de statut, on a un gros travail en arrière à faire pour qu'elle puisse avoir le droit de [...] garder ses enfants, ça devient un risque énorme [...]. Pour ces femmes-là [les droits] sont toujours cachés dans le [pouvoir] discrétionnaire du ministre… C'est sûr qu'avec les années, on trouve de petites cachettes qui nous aident à donner certains droits à ces femmes-là. Mais, on ne les trouve pas à chacun des cas. (Jimena, intervenante immigrante)

> Donc, il faut [...] être bien équipé [quant à] la défense des droits et [quant à] l'interaction, aussi, entre son statut d'immigration, ses droits par rapport à l'aide juridique, à l'aide sociale, les allocations familiales, etc. (Andrée)

Au sein des maisons d'hébergement, les intervenantes jouent un rôle dans l'application de règlements (formels ou informels) concernant l'accès des femmes aux services et le fonctionnement interne. Elles pourront appliquer des règlements qui excluent certaines femmes en raison de leur statut d'immigration précaire ou du fait qu'elles ne parlent pas une des langues officielles. Ces femmes pourront être pénalisées, car elles sont « trop couteuses » en raison de leurs besoins spécifiques (nourriture, temps de séjour plus long, interprétariat, etc.). Ces décisions s'expliquent dans un contexte de manque de financement des organismes (domaine structurel) pour soutenir certains services (ex. : l'interprétariat).

Concernant la façon d'appliquer les règlements et les lois (domaine disciplinaire), il est important de réfléchir entre autres sur : quelles stratégies utilisent les intervenantes afin de défendre les droits des femmes face à l'application des lois/règlements qui les excluent des services (ex. : faire appel au pouvoir discrétionnaire du ministre) ? Dans quelle mesure les politiques et les règlements de notre organisme excluent-ils ou discriminent-ils certaines femmes, soit au niveau de l'accès aux services ou du fonctionnement interne (ex. : temps de séjour) ? Quel est le profil des femmes reçues dans notre organisme (ethnie, langue, statut d'immigration, classe, âge, handicap, etc.) ? Est-ce que la diversité des femmes de notre région est représentée dans nos services ? Quels moyens/mécanismes avons-nous mis en place, comme organisme, pour diminuer les possibilités d'exclusion ou de discrimination au sein de nos organismes ?

Stratégies pour intégrer une analyse intersectionnelle : domaine disciplinaire

- Faire la **défense des droits** des femmes exclues des programmes et des services.
- **Former les intervenantes** au sujet des lois, des politiques et des programmes qui ont un impact sur les droits des FIVVC et leur accès aux services. Les connaissances acquises permettent aux intervenantes de jouer le rôle de médiatrices dans les rapports de pouvoir entre les femmes et les institutions.
- **Collaborer avec des intervenantes** de différents milieux, afin de faire la promotion des droits des femmes.
- Favoriser une **gestion féministe inclusive**.
- Analyser les règlements et les politiques du fonctionnement des maisons d'hébergement afin de **favoriser un milieu de vie et de travail inclusif**.
- Établir des **politiques d'embauche non discriminatoires** (ex. : reconnaissance de diplômes et d'expertises hors pays).

---

24. Domaine interpersonnel

Finalement, le **domaine interpersonnel** comprend les relations et les interactions entre les personnes dans la vie quotidienne (sphère publique et privée), les pratiques discriminatoires, ainsi que les rapports de pouvoir qui découlent de celles-ci (Harper, 2012). Les différents domaines de pouvoir (structurel, hégémonique et disciplinaire) façonnent les identités et les relations que les individus tissent entre eux. Dans le contexte d'hébergement, les positionnements sociaux (d'oppression ou de privilège) des personnes participant au sein de l'organisme (ex. : femmes hébergées, intervenantes, membres de l'équipe) façonnent les relations en créant des rapports de pouvoir. Le contexte du milieu de vie favorise des liens plus proches entre les femmes et les intervenantes. Le pouvoir disciplinaire des intervenantes concernant le fonctionnement interne peut aussi contribuer aux rapports de pouvoir inégaux.

> Les observations qu'on va faire en milieu d'hébergement sont 24 h/24 h… Il y a une relation plus – pas intime – mais plus proche, une proximité qui est beaucoup plus présente, puis des fois, ça peut être aidant, des fois ça peut être moins aidant. Tu sais, quand tu vois une cliente une fois par semaine, des fois une heure, c'est peut-être parfois plus facile de lui nommer des choses, de lui dire des choses que quand tu vis avec elle… tu passes la journée avec, tu lui rentres dedans ou tu as une rencontre qui brasse plus, tu ne lui dis pas ce qu'elle veut entendre, ben parce qu'il faut qu'elle les entende, mais là, après ça… toute la journée c'est difficile… (Émilie)

Les positions sociales des femmes, en raison de leur statut d'immigration, pourront aussi créer des clivages entre les femmes hébergées (domaine interpersonnel). Certaines femmes (ex. : de groupes majoritaires) pourront contester les « privilèges » des femmes avec des statuts précaires concernant leur séjour d'hébergement prolongé ou le temps consacré par les intervenantes à l'intervention (accompagnement), et demander un traitement « privilégié ».

> Les autres hébergées [femmes québécoises]… peuvent être racistes. Elles peuvent être rivales aussi et se dire : « comment ça se fait que ça fasse tellement de mois qu'elle est là ? » [En parlant d'une femme immigrante avec statut précaire] « Comment ça se fait qu'elle ait tel ou tel privilège ? » Parce qu'elle n'a pas d'argent, elle n'a pas ci ou n'a pas ça, là on la supporte, là, on l'aide… on fait toutes les démarches avec elle, tandis que les autres, on leur dit de prendre l'autobus. C'est vrai… ça peut créer un sentiment de rivalité, jalousie, je ne sais pas, qu'on lui accorde plus d'importance… c'est un dossier qui demande

beaucoup de démarches d'habitude, donc on passe beaucoup de temps avec elles... (Maggie)

Bien que les intervenantes se montrent préoccupées pour diminuer les rapports de pouvoir entre elles et les femmes aidées tout en favorisant leur autonomisation, certaines stratégies peuvent paradoxalement augmenter les rapports de pouvoir et la dépendance des femmes.

> On va être portées à faire des appels téléphoniques avec elles, les accompagner beaucoup. Ce qui, je trouve, est un peu le piège, souvent on materne, on prend en charge... Les personnes qui sont habituées de nous parler vont dire « passe-moi donc l'intervenante ». L'avocat, les policiers, les enquêteurs préfèrent quasiment te parler à toi parce qu'au moins, on se comprend, on parle de la même affaire. Là, c'est sûr que c'est facile de « by-passer » [mettre à l'écart] la femme pour son bien, pour que ça aille plus vite [...] puis, tu lui traduis après... (Maggie)

> Souvent, quand la femme parle anglais ou français, on lui traduit [l'information], mais si elle parle une autre langue, on a l'information pendant une semaine en attendant que l'interprète vienne. Puis, on prend des décisions pour elle. [...] Nous, notre discours, c'est que « tu dois reprendre du pouvoir sur ta vie », mais dans le fond, ce qu'on fait, c'est qu'on prend du pouvoir sur sa vie [...] On veut aller vite, alors on demande à l'enfant de traduire. Tu sais, il y a ce pouvoir-là aussi. Donc, la femme se retrouve encore plus minimisée alors qu'elle devrait avoir la possibilité de retrouver tout son pouvoir [...] (Élisabeth)

En lien avec le domaine interpersonnel, il est important de réfléchir aux types de relations que nous établissons entre les femmes et l'équipe de travail. Comment ces relations maintiennent-elles des rapports de pouvoir inégaux et discriminatoires ? Quelles sont les zones d'oppression et de privilège chez les membres de l'équipe (intervenantes, coordonnatrice, directrice, CA) et les femmes aidées, ainsi que les enjeux de pouvoir qui traversent ces relations (ex. : en raison de l'âge, de la classe sociale, de l'origine, de la langue, de l'ethnie, etc.) ? Quels sont les mécanismes ou pratiques qui pourront être mis en place pour réduire ces rapports de pouvoir (ex. : sur le plan de la langue, en lien avec les règlements) ? Comment considérer dans nos interventions la singularité des parcours des femmes, leur parcours migratoire et leurs oppressions vécues ?

> *Stratégies pour intégrer une analyse intersectionnelle : domaine interpersonnel*
>
> – Constituer des **équipes multiculturelles** (multiethniques) afin d'offrir des modèles de relations interculturelles aux femmes reçues dans les services.
> – Adapter ou créer des **outils qui considèrent la singularité des différents parcours** des femmes, de leur parcours migratoire et de leurs oppressions multiples.
> – Créer des **espaces pour réfléchir sur l'impact des structures sociales** sur la vie des femmes et sur la relation d'aide.
> – Intégrer une pratique réflexive qui permet aux intervenantes et aux femmes reçues dans les services de prendre conscience de **l'impact des structures sociales** sur leur vie et leurs relations.
> – Intégrer une pratique réflexive pour **l'analyse de rapports de pouvoir** qui traversent les relations femmes aidées-intervenantes en contexte d'intervention.
> – Intégrer des stratégies pour **réduire les rapports de pouvoir** entre les femmes et les intervenantes (ex. : dans le cas où la FIVVC ne maitrise pas la langue officielle, faire appel aux services d'interprétation professionnels).

Ce type d'analyse nécessite une pratique réflexive qui favorise la prise de conscience des schèmes sociaux intégrés par les intervenantes et l'impact des rapports de pouvoir qui traversent leur relation avec la femme aidée. Selon Corbeil *et al.* (2018), ce type de pratiques « offre aussi la possibilité de se "regarder agir", d'examiner *a posteriori* leurs interventions et les effets de celle-ci sur la personne aidée » (Corbeil *et al.*, 2018 : 67).

Conclusion

Cet article démontre la complexité de l'intervention en maison d'hébergement et propose un outil concret pour intégrer une analyse intersectionnelle dans ce contexte spécifique. La grille d'analyse de Collins permet de considérer les dimensions macrosociales (domaine structurel et hégémonique) et microsociales (domaine interpersonnel) des rapports de pouvoir qui traversent les pratiques des intervenantes, ainsi que les liens entre ces deux dimensions (domaine disciplinaire). Cette grille permet de réfléchir : a) aux façons dont les rapports de pouvoir traversent le contexte des pratiques des maisons d'hébergement ; b) au rôle des intervenantes comme médiatrices de rapports de pouvoir dans les quatre domaines (structurel, hégémonique, disciplinaire et interpersonnel) ; b) aux stratégies à mettre en place, par les intervenantes et les organismes, pour contrer les rapports de pouvoir inégalitaires (voir figure 1). L'application d'une perspective intersectionnelle amène des défis et des enjeux à considérer, entre autres : a) le financement des organismes de lutte contre la violence conjugale qui explique la priorisation de certaines luttes et oppressions ; b) la reconnaissance des expertises des maisons dans l'espace public et institutionnel ; c) les limites des approches d'intervention utilisées concernant l'inclusion de toutes les femmes, notamment celles se trouvant aux marges des services. Des liens avec d'autres approches, notamment l'approche interculturelle, pourront être faits afin d'enrichir cet outil.

Références

- Anctil Avoine, P., Veillette, A.-M. et Pagé, G. (2019). « Le renouvèlement de l'approche féministe des Centres d'aide et de lutte contre les agressions à caractère sexuel face à la nécessité intersectionnelle : un engagement mitigé malgré des efforts certains ». *Recherches féministes*, 32(2) : 197-215.

- Bhuyan, R. et Smith-Carrier (2010). « Le statut migratoire précaire au Canada. Conséquences pour le travail social et la prestation de services sociaux ». *Travail social canadien*, 12(2) : 57-67.

- Castro Zavala, S. (2020). *Une perspective intersectionnelle sur l'intervention en violence conjugale auprès des femmes immigrantes : les pratiques des intervenantes en maison d'hébergement du Québec*, Thèse de doctorat en service social. Université Laval.

- Collins, P. H. (2016). *La pensée féministe noire : savoir, conscience et politique d'empowerment* (traduit par D. Lamoureux). Montréal, Remue-ménage.

- Collins, P. H. et Bilge, S. (2020). *Intersectionality. Polity*. Duke University Press.

- Corbeil, C. Harper, E., Marchand, I., Fédération des maisons d'hébergement pour femmes et Le Gresley, S.-M. (2018). *L'intersectionnalité, tout le monde en parle ! Résonnance et application au sein des maisons d'hébergement pour femmes*. Montréal : Services aux collectivités de l'Université du Québec à Montréal/ Fédération des maisons d'hébergement pour femmes.

- Coté, I. (2016). *L'évolution des pratiques en maison d'hébergement pour femmes victimes de violence conjugale au Québec*. Thèse présentée à l'école de travail social. Université de Montréal.

- Fédération des maisons d'hébergement pour femmes (FMHF, 2015). *Rapport final du projet : « I come from Turkey - Je viens de la Dinde, Y a-t-il un interprète dans la salle ? ». Adaptation de l'intervention et des services aux réalités et besoins des femmes immigrantes, des femmes issues des communautés culturelles, et de leurs enfants*, Québec, ministère de l'Immigration, de la Diversité et de l'Inclusion (MIDI).

- Flynn, C., Bigaouette, M., Lavoie, I., Cribb, M., Cyr, C. et Gilbert, M. (2019). « L'intervention féministe intersectionnelle en maison d'hébergement pour femmes – Une approche axée sur l'inclusion et le savoir-être ». *Les cahiers de la LCD*, 11(3) : 145-163.
- Harper, E. (2012). « Regards sur l'intersectionnalité ». *Collection études et analyses*, 44 : 1-26.
- Lacharité, B. et Pasquier, A. (2014). « L'intersectionnalité appliquée : un projet pilote à Montréal ». *Nouvelles pratiques sociales*, 26(2) : 251-265.
- Legault, G. et Fronteau, J. (2008). « Les mécanismes d'inclusion des immigrantes et des réfugiés ». Dans G. Legault et L. Rachédi (dirs), *L'intervention interculturelle*. Montréal : Gaëtan Morin éditeurs : 43-66.
- Le Gresley, S.-M. (2018). *Sur les traces de l'intersectionnalité : l'intervention avec les femmes immigrantes et racisées dans les Centres de femmes*. Mémoire présentécomme exigence partielle de la maitrise en travail social. Université du Québec à Montréal.
- Marchand, I., et Ricci, S. (2010). « Sexisme et racisme : la diversité ethnoculturelle. Défi au mouvement féministe ». Dans C. Corbeil, et I. Marchand (dirs), *L'intervention féministe d'hier à aujourd'hui : Portrait d'une pratique sociale diversifiée*. Montréal : Remue-ménage : 65-92.
- Moreau, G. (2019). « Les établissements d'hébergement canadiens pour les victimes de violence, 2017-2018 ». Juristat N° 85-002-X. Statistiques Canada. Consulté sur le site de statistiques Canada le 20 décembre 2020 : https://www150.statcan.gc.ca/n1/fr/pub/85-002-x/2019001/article/00007-fra.pdf?st=2W6EpcZ.
- Oxman-Martinez, J. et Krane, J. (2005). « Un décalage entre théorie et pratique ? Violence conjugale et femmes issues des minorités ethniques ». *Journal International de Victimologie*, 3(3) : 1-14.
- Pagé, G. et Pires, R. (2015). *L'intersectionnalité en débats : pour un renouvèlement des pratiques féministes au Québec*. Montréal : Services aux collectivités de l'UQAM et Fédération des femmes du Québec.
- Regroupement des maisons pour femmes victimes de violence conjugale (RMFVVC, 2014). *Mobilisation et diversité. Rapport de consul-*

tation. *Adaptation des services aux besoins des femmes immigrantes et québécoises issues de l'immigration.* Montréal, Le Regroupement.
- Rinfret-Raynor, M., Brodeur, N., Lesieux É. et Dugal, N. (2013). *Adaptations des interventions aux besoins des immigrants-es en situation de violence conjugale : état des pratiques dans les milieux d'intervention.* Québec : Collection Études et Analyses, 45, CRIVIFF.

Conclusion générale

À partir des résultats des recherches menées par des chercheuses et le partage des expériences et vécus des intervenant·e·s œuvrant auprès des femmes issues de l'immigration et racisées, cet ouvrage collectif a voulu illustrer les nombreux défis auxquels doivent faire face les victimes de violences genrées (violences domestiques, violences basées sur l'honneur, etc.) dans le pays d'accueil. Défis qui s'inscrivent dans l'entrecroisement des enjeux de genre et ethnoculturels (culturels, ethniques, religieux, linguistiques, liés aux statuts migratoires, etc.).

Les différentes contributions ont montré la vulnérabilité accrue que vivent ou peuvent vivre les femmes demandeuses d'asile, réfugiées, immigrantes à statut précaire, nouvelles arrivées à travers leur trajectoire migratoire. Cette situation les place dans des situations d'injustice, d'inégalité et de discrimination dans différentes sphères de leur vie : l'éducation, l'emploi, les revenus, la santé, le logement, la protection sociale, etc., et les confronte à des difficultés d'accès aux services et pour la recherche d'aide.

Ces inégalités systémiques et les rapports de pouvoir inégalitaires placent les femmes dans des conditions de vie qui ne sont pas sécuritaires et qui peuvent (ré)activer les vécus de violences de genre de la trajectoire migratoire. Elles se trouvent, en effet, doublement confrontées aux barrières juridiques et politiques mises en place dans les pays d'accueil ce qui peut les mettre en situation de danger. Dans ces contextes d'imbrication de précarisations et de barrières multiples, les intervenantes leur venant en aide peuvent se sentir, malgré elles, incompétentes, en manque de ressources et dépassées par la lourdeur et la complexité des dossiers et des enjeux à gérer. Pour contrer les difficultés rencontrées et tenir compte autant des enjeux interculturels que des enjeux de genre, les différent·e·s auteur·rice·s de cet ouvrage ont témoigné, à l'aide de cas concrets, de la mise en place de pratiques d'intervention intégrant une approche féministe intersectionnelle. La première partie de l'ouvrage nous fait connaitre des expériences dans des organismes belges ((Mentor Jeunes), Service de santé mentale Ulysse, Centre d'Accompagnement Rapproché pour Demandeurs d'Asile de la Croix-Rouge de Belgique) et la deuxième partie présente le contexte canadien. Y sont analysées des expériences d'intervention auprès de femmes victimes de violences genrées dans les provinces du Québec (maisons d'hébergement pour femmes en difficulté) et du Nouveau-Brunswick.

Les contributions mettent en évidence l'extraordinaire pouvoir d'adaptation de ces femmes, qui malgré les difficultés rencontrées, font preuve de capacité de résilience et d'action. Le rôle des différentes intervenantes est fondamental pour accompagner ces femmes immigrantes victimes de violences genrées dans leurs démarches juridiques, psychosociales, la recherche de logement et d'emploi, etc. sans pour autant le faire à leur place. Le respect de l'agentivité de chaque femme est au cœur des différentes démarches d'intervention interculturelle, intersectionnelle et féministe présentées à travers cet ouvrage.

Aussi, comme le soulignent les psychologues de la Croix-Rouge (cet ouvrage), il importe d'intervenir auprès des femmes sur base d'une double reconnaissance, à la fois de leur souffrance mais également de leur humanité. Se sentir ainsi considérées va réactiver un sentiment d'existence et de dignité (Neuburger, 2012). Ce processus important permet de reconnaitre tout autant leur vécu douloureux que leurs ressources, évitant ainsi de tomber dans une prise en charge victimisante ou paternaliste (Delage, 2008).

Dans cette perspective, les pratiques à l'égard des différentes problématiques liées aux femmes immigrantes requièrent autant des compétences interculturelles que la capacité d'intervenir à partir d'un modèle féministe de la part des intervenantes. Si l'ouvrage se veut surtout pratique, avec des exemples concrets d'expériences de femmes et d'interventions, les auteur·rice·s s'inspirent aussi des chercheuses et théoriciennes des modèles interculturels (Cohen-Emerique, 2011 ; Sorrells, 2013 ; Heine et Licata, 2019 ; Montgonery et Agbobli, 2017) et intersectionnels (Collins, 1990 ; Bilge, 2009 ; Crenshaw, 1989 ; hooks, 1984 ; Corbeil et Marchand, 2006).

Finalement, nous ne pouvons passer sous silence la pandémie de Covid-19 et les mesures sanitaires associées qui ont particulièrement touché les femmes immigrantes victimes de violence domestique. Au Québec ainsi qu'en Belgique, les différentes mesures liées au confinement telles que la mise en place du couvre-feu, le télétravail obligatoire, l'interdiction de tenir des rassemblements de famille et ami·e·s, la fermeture des restaurants, cafés et lieux de culte, l'isolation pour les cas positifs, etc., ont augmenté les cas de violences intrafamiliales et simultanément complexifié les processus d'aide et de soutien pour les femmes. Sur le terrain, la tâche des intervenant·e·s a donc été compliquée ces deux dernières années. Différents organismes et institutions d'aide aux femmes en difficulté ont témoigné des difficultés liées au confinement, notamment au niveau de l'accès et de la disponibilité des ressources. Plusieurs préoccupations de la part des réseaux professionnels et d'intervention ont été signalées, entre autres la présence constante de l'homme violent à la maison puisqu'il est en télétravail ou a perdu son emploi, la communication limitée par l'accès à un seul ordinateur à la maison et l'impossibilité de téléphoner, l'aggravation de l'anxiété des femmes victimes de violence familiale qui n'avaient nulle part où aller, etc. Cette situation a aussi généré beaucoup d'épuisement et un sentiment d'impuissance du côté des intervenant·e·s et des services d'aide.

Dans ce contexte actuel de fragilisation des liens sociaux et de l'augmentation de la précarisation des familles, il est capital que nous, professionnel·le·s, psychologues, intervenant·e·s dans le travail social, assistant·e social·e, etc., puissions rester dans une démarche d'ouverture et d'attention par rapport à la complexité des situations que nous rencontrons. Les contributions de ce livre mettent en évidence à quel point les violences genrées vécues par les femmes immigrantes nous immergent dans des trajectoires de vie singulières. Ces histoires de chacune nous invitent à une démarche de reconnaissance et d'agir sur les inégalités. C'est en adoptant un positionnement interculturel féministe que nous pourrons accompagner au mieux les femmes et faire place à leur pouvoir de résistance et à leur créativité.

Références

– Bilge, S. (2009). « Théorisations féministes de l'intersectionnalité ». *Diogène*, (225) : 70-88.
– Cohen-Emerique, M. (2011). *Pour une approche interculturelle en travail social – Théories et Pratiques*. Rennes, Les Presses de l'EHESP.
– Collins Hill, P. (1990). *Black feminist thought: knowledge, consciousness, and the politics of empowerment*. New York, Routledge.
– Collins Hill, P. (2017). « On violence, intersectionality, and transversal politics, Ethnic and Racial Studies », 40(9), 1460-1473.

- Corbeil, C. et Marchand, I. (2006). « Penser l'intervention féministe à l'aune de l'approche intersectionnelle : défis et enjeux ». *Nouvelles pratiques sociales*. 19(1) : 40-57.

- Crenshaw, K. (1989). « Demarginalizing the Intersection of Race and Sex: a Black Feminist Critique of Discrimination Doctrine, Feminist Theory and Antiracist Practice ». University of Chicago *Legal Forum*, 89 : 139-167.

- Delage, M. (2008). *La Résilience familiale*. Paris, Odile Jacob.

- Heine, A., Licata, L. (2019). *La psychologie interculturelle en pratiques*. Bruxelles, Mardaga.

- Hooks, B. (1984). *De la marge au centre : Théorie féministe*. Paris, Cambourakis, Coll. « Sorcières ».

- Montgomery, C. et Agbobli, C. (2017). « Mobilités internationales et intervention interculturelle : conceptualisations et approches ». Dans C. Montgomery et C. Bourassa-Dansereau (dirs), *Mobilités internationales et intervention interculturelle : théories, expériences et pratiques*. Presses de l'Université du Québec.

- Neuburger, R. (2012). *Exister. Le plus intime et fragile des sentiments*. Paris, Payot.

- Sorrells, K. (2013). *Intercultural communication: globalization and social justice*. Thousand Oaks, California, SAG.

Biographie des auteur·e·s

Caterine Bourassa-Dansereau est professeure au département de communication sociale et publique de l'Université du Québec à Montréal. Elle est codirectrice de l'Observatoire francophone pour le développement inclusif par le genre (l'OFDIG). Ses expertises de recherche portent sur la communication interculturelle, les études féministes et explorent la conciliation des enjeux de genre et interculturels dans l'intervention.

Audrey Heine est psychologue clinicienne spécialisée en psychologie interculturelle, elle a réalisé un doctorat sur les enjeux identitaires des descendants d'immigrés en Belgique. Elle enseigne actuellement la psychologie sociale et interculturelle à l'Université Libre de Bruxelles (Centre de Recherche en Psychologie sociale et interculturelle) et est chargée de projets à la Coordination de la prévention de la maltraitance de la Fédération Wallonie-Bruxelles. Engagée en matière de lutte contre les inégalités, elle a publié plusieurs articles et ouvrages sur le sujet.

Estibaliz Jimenez est professeure au Département de psychoéducation, Université du Québec à Trois-Rivières. Juriste originaire du Pays-Basque (Espagne), elle a obtenu doctorat en criminologie. Toujours intéressée dans des études féministes et la recherche interculturelle, ses axes de recherche sont notamment : la violence faite aux femmes, les violences basées sur l'honneur ; les défis d'intervention en contexte d'interculturalité en protection de la jeunesse…

Hanane Khaldouni est une artiste peintre. Sa peinture illustrant la couverture de l'ouvrage a été réalisée dans le cadre de « Draw the line against VAWG », un projet artistique féministe pour dénoncer, à travers des dessins et la peinture, les multiples formes de violences faites aux femmes et aux filles. Hanane puise son inspiration dans la vie quotidienne et dans ses propres expériences. La peinture est une façon de raconter son histoire en tant que femme. Née au Maroc, Hanane est la plus jeune d'une famille de dix enfants. Mariée à l'âge de 17 ans, elle arrive en Belgique par le biais du regroupement familial et devient mère à 18 ans. S'ensuivent des années qu'elle décrit comme difficiles où elle a fait face à plusieurs formes de violences.

Sastal Castro Zavala est professeure au Département de psychosociologie et de travail social de l'UQAR. En plus d'avoir rédigé une thèse et publié différents travaux sur l'intervention féministe en maison d'hébergement, elle cumule dix années d'expérience comme intervenante à la Maison d'hébergement pour femmes immigrantes de Québec.

Madeline Lamboley est professeure adjointe de criminologie au département de sociologie et de criminologie de l'Université de Moncton. Sa thèse de doctorat a porté sur le mariage forcé de femmes immigrantes au Québec. Les femmes en situation de vulnérabilité, notamment les femmes immigrantes et les femmes vivant avec une coexistence de problématiques et leurs besoins en matière d'intervention, sont au cœur de ses enseignements et de ses recherches. Ses recherches récentes portent sur la place du réseau social des femmes victimes de violence entre partenaires intimes dans leur processus de sortie de la violence.

Julie Lavaux est psychologue et thérapeute familiale spécialisée en thérapie contextuelle, elle travaille au centre CARDA de la Croix-Rouge de Belgique, spécialisé pour les demandeurs et demandeuses d'asile en souffrance mentale.

Anissa Tahri est psychologue et psychothérapeute systémicienne, spécialisée en psychotraumatologie, elle exerce au centre CARDA de la Croix-Rouge de Belgique, spécialisé pour les demandeurs et demandeuses d'asile en souffrance mentale.

Alain Vanoeteren est psychologue clinicien, membre fondateur et directeur du Service de Santé Mentale Ulysse, spécialisé dans l'accompagnement psychothérapeutique de personnes exilées. L'équipe d'Ulysse reçoit essentiellement des personnes en précarité de droit au séjour en souffrance psychologique. Dans de nombreux cas, il s'agit de demandeur.se.s de protection internationale, soumis.e.s à des procédures de droit au séjour elles-mêmes pathogènes.

Maryana Vukadinovic, Noémi Globen et Emma Van Durme sont impliquées dans l'aide aux migrants et passionnées tant par l'interculturalité et les enjeux multiculturels que par l'approche interactionnelle et les questions de psychologie systémique. Leurs chemins se sont croisés à Mentor Jeunes. Éducatrice, anthropologue et psychologue, elles ont d'abord travaillé dans le Placement Familial de l'Aide à la Jeunesse ou dans les Centres d'Aide aux Demandeurs d'Asile. Elles sont toutes les trois très engagées dans l'aide aux mineurs étrangers non accompagnés et ont constitué/ rejoint le projet de Mentor Jeunes.

Table des matières

Introduction générale   7

Partie I

Accompagnement de femmes
en précarité de séjour : enjeux interculturels
et féministes   13

Placement familial des Mineures Étrangères
Non Accompagnées : quels enjeux de genre ?   15
Maryana Vukadinovic, Noémi Globen et Emma Van Durme

Violences genrées : de la construction politique
de la catégorie « réfugiée » au travail clinique   33
Contribution collective du Service de Santé Mentale Ulysse

« Femmes en exil, identités en péril ? »
La nécessité d'une double reconnaissance
de leur souffrance et de leur humanité dans
le travail thérapeutique   51
    Anissa Tahri et Julie Lavaux

Partie II
Violences conjugales et basées sur l'honneur :
intervention féministe intersectionnelle auprès
des femmes migrantes   69

Les violences basées sur l'honneur
des femmes issues de l'immigration : Dépistage et
intervention féministe intersectionnelle dans
les maisons d'hébergement du Québec   71
    Estibaliz Jimenez

Les violences basées sur l'honneur à Moncton :
les balbutiements néo-brunswickois   97
    Madeline Lamboley

L'analyse intersectionnelle des pratiques en maison
d'hébergement auprès des femmes immigrantes
victimes de violence conjugale   127
    Sastal Castro Zavala

Conclusion générale   147

Biographie des auteur·e·s   153

EthnopoétiK
(Transitions sociales et résistances)

Sous la direction de Xavier Briké et Jacinthe Mazzocchetti

Comment rendre présents les mondes qui nous traversent tout en donnant à ressentir leur chaotique, leurs bouleversements comme les résistances qui s'y dessinent ? Comment conter réalités et perceptions méconnues – faire traces autrement – par l'intermédiaire du sensible ?

Les ouvrages, comme leurs frères et sœurs de la collection *Transitions sociales et résistances*, ont pour objet de dépasser la fragmentation des disciplines (ethnographie, littérature, photographie, arts graphiques…) afin de sortir de l'ombre les vies, toutes les vies, mises en lumière par d'autres manières de faire de la recherche et de transmettre des connaissances.

La collection a également pour ambition de faire connaître des points de vue singuliers, engagés sur les questions de justice sociale et environnementale tout en rediscutant des assignations de genre, de classe, comme des imaginaires façonnés par l'histoire coloniale et par les évidences en termes d'orientations économiques. En tension entre libertés et déterminismes s'ouvrent les possibles et s'étiolent les frontières.

Comité scientifique et artistique

René Baulieu (formateur, poète et musicien), **Xavier Briké** (anthropologue, auteur), **Philippe Chanson** (anthropologue, auteur), **Jean Furtos** (psychiatre, auteur), **Laurent Gilson** (anthropologue, photographe), **Safia Kessas** (journaliste, autrice et réalisatrice), **Philippe Lavandy** (photographe), **Jacinthe Mazzocchetti** (anthropologue et autrice), **Marie-Pierre Nyatanyi** (formatrice engagée et autrice), **Mélanie Patris** (anthropologue, photographe, art-thérapeute), **Jérémie Piolat** (anthropologue et philosophe, auteur), **Julie Renson** (conteuse), **Michel Torrekens** (auteur, journaliste et critique littéraire), **Vinciane Saliez** (fondatrice de I Care), **Sophie Vincent** (poétesse, coordinatrice d'expositions).

Déjà paru dans la collection :

Jacinthe Mazzocchetti, *Incertitudes. Ethno-poésie des temps suspendus*, 2022.
Maria Baoli, *Le Miroir et l'importance du jardin secret*, 2022.